Things Will Get As Good As You Can Stand

老娘幹嘛這麼累?!

兩性關係輔導專家
蘿拉朵依爾 Laura Doyle——著
陳秋萍——譯

——讓妳過好日子的5種生活態度

【修訂版】

獻給全世界需要更多休息、娛樂和獨處時間的女人。
祝福妳得到的與付出的一樣多！

目錄 Content

前言：什麼是女超人症候群？ 007

★小測驗：妳是個大方的接受者嗎？

第一種生活態度 樂於接受

第1章 發現自己的接受肌肉 019
加強自己在得到別人善待時的承受力

第2章 開始接受 033
盡情享受他人的好意和誠心致謝

第3章 假裝很自在 045
假裝自己配得上好東西，會更有自信

第4章 放下掌控，卸下心防 055
學習接受，放棄主控權，撤下防衛心

第二種生活態度
珍愛自己

第5章 接受讚美 071
顯得有自信、落落大方，讓妳更美、更迷人

第6章 收下能得到的一切協助 081
要求幫忙時越不設心防，建立的情感連結就越堅固

第7章 用接受助長愛情 097
女人想要被關懷和款待，男人想要供應和保護

第8章 拒絕不適合妳的禮物 111
留下空間，讓更適合妳的美好事物進駐

第9章 不要自我批評 123
不自我批評是吸引好東西上門的關鍵

第10章 按兵不動，並認清妳不是上帝 137
不要插手他人自己能做的事

第11章　先斟滿自己的杯子　155
承受生命中的樂趣，全身散發平靜、快樂的感覺

第12章　承認自己的天賦　171
採取自尊自重的態度時，他人就會用妳對待自己的方式對待妳

第三種生活態度
坦承欲望

第13章　認清真實的欲望　179
欲望可能是暗示一件比表相更重大事情的徵兆

第14章　說出妳想要什麼　195
大聲說出來，有助於看清更深層的欲望

第15章　接受樂在工作所賺的錢　209
利用接受法則，把更好的工作帶入妳的生命中

第四種生活態度 勇於道歉

第16章 承認錯誤，並為妳該負責的部分道歉 223
認錯以示負責，別人就沒有批評的餘地

第17章 放下罪惡感 243
說句「我很抱歉」，然後一切放下

第18章 接受道歉 259
學習尊重自我的價值，妳有資格得到他人的善待

第五種生活態度 感恩讚嘆

第19章 絕對不要抱怨 273
關懷、體貼和其他美好的事物會源源不絕而來

第20章 為小事讚嘆 287
讚嘆能使妳跟有正面能量的人產生連結

第21章 經濟上讓男人支持妳 297
讓男人覺得可以取悅妳、供養妳

結語 為自己說話 313
妳永遠可以在今天或現在開始學習接受

前言

什麼是
女超人症候群？

最典型的女超人症候群，是在接受他人的付出時，會因為覺得欠下人情債而惶惶不安。問題很可能出在，擁有它們讓妳覺得很不自在。本書用簡單、實用的步驟，幫助妳養成接受的習慣。

妳將學會如何選擇自信和大方，揚棄不安全感和罪惡感。如此一來，妳的感情、友誼和家庭關係都會變得更親密、更令人樂在其中。妳的空間時間會增多、壓力會減少，而且對於過去妳想要但卻無意識地拒絕的事物——因為妳認為自己不該擁有——妳會培養出接納和耐受能力。

女人拒絕那些她們自稱最想要的東西

在克服逆境方面，人類擁有長久的經驗和優良的傳統，但如今我們卻面對一個經驗極少的任務，那個任務就是如何安然度過富足順境。

——亞倫．葛瑞格（Alan Gregg）

多年前一些朋友提議請我和丈夫約翰出去吃飯，慶祝我們的結婚紀念日。我們正在爲當晚做準備時，我開始煩躁起來。「這下子我們得弄清楚『他們的』結婚紀念日是何時，才能請『他們』出去吃飯，」我跟約翰說。

我想的不是我們會和朋友們玩得多開心，也不感激他們的細心周到。反之，我把他們的禮物變成我們必須償還的人情債。

但約翰的回答很睿智。「妳難道沒想過，晚餐有妳作陪對他們來說已經足夠，除此之外妳根本不欠他們什麼？」

只要高高興興享受禮物，而不用擔心如何報答，對我來說是一個全新的概念。

接受某人只爲了讓我高興而送我的禮物——晚餐；朋友不能去看的戲票；來家裡做客的人送的酒；鄰人間友善的協助，像是載我去取車或當約翰和我不在家時幫我們收信；生日時的問候電話——讓我很不自在。任何爲了帶給我快樂或讓我的生活稍微輕鬆、美好一點的事物，都會讓我被焦慮和令人窒息的義務感淹沒。

不是只有我會這樣。有個女士描述，當她丈夫邀請她共進一頓浪漫的週五晚餐時，她覺得壓力好大。接受他的邀請表示她得全神貫注完成工作、打電話找保母（在保母來之前打掃房子）、餵小孩吃飯並幫他們洗澡。不只這樣，她甚至還想到她丈夫會想在他們到家後跟她做愛，但她知道那時她已經筋疲力竭。

啊，最典型的女超人症候群。

這個女人大可以要求她丈夫、受僱餵小孩吃飯並幫他們洗澡的保母，甚至她最大的孩子幫忙，而不是什麼都自己來，好像她是女超人一樣。她大可以想成她丈夫只是想給她一段美好時光，而不必覺得自己有義務配合他。

她就像我一樣，在接受他人的付出時，常常會因爲覺得欠下人情債而惶惶不安。

在我的觀念裡，幫忙和回報、贈禮和收禮是連帶一起的，而且我絕對不要落在人後。擔心無以爲報，讓我更加苦惱。

那一切的焦慮和擔憂就是一把刀，切斷了我和愛我且關心我的人之間的連結。最終，我一直不斷拒絕禮物，不管它們是否綁著蝴蝶結、或是恩惠和協助，還是在我需要鼓勵時說出的好話，我都一概拒絕——這等於暗示我的親友，他們的禮物不受歡迎。到最後，禮物沒了，友誼也消失了。

當我在晚宴之後說我不需要幫忙，或在某人讚美我的外表時宣稱我眞的需要剪個頭髮，我其實都在不知不覺間保持我與他人之間的距離。在朋友眼中，我並不是一個獨立、自給自足的人，而是一個因爲拒絕他們的幫忙和禮物而將他們排拒在外的人。

我覺得很孤單。沒有別人支持，也沒有聽到別人讚美我漂亮或某件事做得很好時那種溫暖的感覺，我的自尊低落，而且還累得無以復加，因爲我把自己逼到一個隻手撐天的角落。我沒有發覺自己其實是在拒絕——我和每個我認識的女人——最想要的東西：多點時間、幫忙、了解、富足和肯定。

我沒有發覺我的孤立是自己造成的，我只是以爲生活令人難以招架。

我以為我是女超人

在生命中某個時刻，我們每個人都需要接受他人的忠告和幫忙。

——亞歷克希．卡雷爾（Alexis Carrel）

彷彿我非得做個不需要任何人給我任何東西的女超人，這種感覺以前也讓我的婚姻關係緊張，因爲我不知道如何接受我丈夫的付出。當他提議週末出去玩時，我爭辯說我們負擔不起。當他洗碗時，我沒有表達感激，反而挑他的毛病，抱怨我自己洗還比較乾淨，讓他下次再也不想幫忙。當他提議做晚餐時，我說「沒關係啦」，因爲我認爲自己煮比較快。當他在一個重要會議之前跟我說我看起來光鮮亮麗，我嗤之以鼻說「才怪」之後，他就不再讚美我。然後我氣炸了，因爲我覺得備受冷落、不受重視。

眞是一團糟。

而且還不只如此。當我正在放鬆或做某件我熱愛的事，比方說沿著海灘散步或買雙新鞋時，我就會有罪惡感，因爲我不但無法承受別人的善意，也受不了善待自己。反之，我爲一個我痛恨的工作經常加班，因爲那讓我覺得自己很有用、很重要，就算它不會讓我快樂。

難怪我以前老是發脾氣。

現在我已經改過自新，不再是個差勁的接受者。

遇到順境時該怎麼辦？

我們的兩難窘境是，我們對改變又愛又恨；我們真正想要的是，能在保持現狀的同時又變得更好。

——悉尼．哈瑞斯（Sydney J. Harris）

大部分人遇到逆境時都知道該怎麼辦——嚴陣以待、做好心理準備，盡全力設法撐過去。如果明天是一個案子的重大截止日，但妳卻還沒做完，那妳可能會沖一壺咖啡，打算通宵奮戰。如果手頭突然變緊，妳會限制食品雜貨和其他必需品的花費。如果妳丟了工作，妳會拚命拉關係直到妳找到新工作爲止。當目標是生存時，不難想出下一步該怎麼做，而且妳不會因此有罪惡感。可是，當妳突然有個無事一身輕的悠閒下午、一輛前所未有的好車、吸引到一個愛上妳的優質男人，或擊敗三個比妳資深的公司同事而獲得升遷時，妳會怎麼做？

當然，妳會設法享受它。

但那有可能很棘手。

我認識一對生活本來很困苦的夫妻，在繼承一筆可觀的遺產之後不久，他們就把錢花得一毛不剩，又回歸慳吝的生活方式。他們明白如何掙扎求生，但卻沒有培養過好日子的耐受力。飽滿的荷包與他們對自己的看法不符，所以他們無意識地回歸原來生活品質雖低但熟悉的標準。

當我剛開始做SOHO族的時候，因爲以前太習慣週一到週五每天從早上八點工作到下午五點，所以要是有哪一天睡到很晚，我就會覺得自己不夠認眞工作。除了我自己之外，沒有人期望我在特定時間內起床，而且我從來就不是早起的鳥兒，但我新教徒的工作倫理命令我應該遵照那個熟悉的作息行事。如果我熬夜寫作，我就會嚴厲譴責自己毫無紀律，沒在白天把工作做完。

我的焦點不在自己卓越的生產力（當時我正在寫兩本書），而是在我濫用在家工作的特權這個事實上。

現在我發覺自己很喜歡在晚上寫作，因爲入夜後我的思緒比較敏捷，心情也比較放鬆，而且干擾比較少。最後，對於眞的於己有益的事，也就是自行設定工作時間的能力，我終於培養出耐受力。

但那並不是一件容易的事。

我們必須重新設定自己，才能自在面對更多的愛、空閒時間、成就、自信或比現況更好的處境，但事在人爲。

關鍵就在接受。

妳會感覺自己彷彿拿了東西沒被逮到

如果你限定自己只能選擇似乎可能或合理的事物，你就會讓你和你自己真正想要的東西斷了聯繫，最後剩下的只有妥協。

——羅伯．傅立茲（Robert Fritz）

專注在成爲優秀接受者的這個目標上，妳就不會忽視或排斥妳想要、但卻好像得不到的事物。問題很可能出在擁有它們讓妳覺得不自在。換句話說，當妳改變行爲而變成優秀的接受者，當妳能忍受讓妳快樂的美好事物時，妳的生活將會比較平靜。如果妳像我一樣，那妳將會愉快又驚喜地發現生活居然這麼輕鬆如意。

當妳發現了直接伴隨接受而來的時間、愛和其他一切美好事物的報酬時，妳就會比較有能力承受發生在妳身上更美好、更令人驚喜、更讓人興奮、更溫柔的事物。

學習接受一開始可能既陌生又讓人不自在，但本書將帶領妳安然度過尷尬期。

在以下的篇章當中，妳將會學到簡單、實用的步驟，幫助妳養成接受的習慣。妳將學會如何選擇自信和大方，揚棄不安全感和罪惡感。如此一來，妳的感情、友誼和家庭關係都會變得更親密、更令人樂在其中。妳的空閒時間會增多、壓力會減少，而且對於過去妳想要但卻無意識地拒絕的事物——因爲妳認爲自己不該擁有，妳會培養出接納和耐受能力。

當妳精通大方接受的技巧時，就會發生奇蹟般的事。請完客隔天早上妳不用自己洗碗，反之妳和留下來幫妳清理廚房的朋友一起打水仗。休閒時間變多了。週五晚上妳不用吃剩菜、看電視，反之妳讓別人帶妳去吃一頓浪漫晚餐、看場電影。妳本來會迴避的讚美讓妳感覺更有自信，而且妳和妳所愛的人建立更深刻的連結。

培養大方接受的習慣，將幫助妳不費吹灰之力地吸引事物，不必借助勢力或操縱硬把它們拉過來。變成大方的接受者也會讓妳更有魅力。如果妳學會接受，妳將會有更多精力做妳一直想做的事，比方說學法文、蒔花植草、雕塑身材、照顧小孩或經營公司。

一旦妳發現並且鍛鍊自己的「接受肌肉」，這一切就會發生，所以請繼續讀下去。

也許妳並未拒絕他人提供給妳的事物，或者妳可能在不知不覺的情況下拒絕。下決心找出妳用什麼方式拒絕那些為了取悅妳而給妳的事物。這是一個豐富的世界，所以我們生命中缺少的事物，通常反映出我們未能接受的領域何在。只要留意當別人讚美妳或想要幫妳時，妳是否覺得有罪惡感或焦慮，但不必跟對方提及此事。

第一種生活態度
樂於接受

第1章
發現自己的接受肌肉

How I Discovered My Receiving Muscles, and You Can, Too.

加強自己在得到別人善待時的承受力

阻礙我的人就是我自己

當我信任自己並真實做自己的時候……我生命中的一切就會順利地、甚至奇蹟似地適得其所，反映出我內心的狀況。

——夏克蒂．葛文（Shakti Gawain）

拒絕他人爲了讓我高興而給予的事物，對我造成的傷害不只一個。罪惡感和控制欲僵化了我的接受肌肉，讓我的婚姻付出最大的代價。一直到一個糟糕透頂的晚上過後，我才發覺到這一點。

那天約翰宣布要帶我出去，但不肯透露去哪裡。他說要給我一個特別的款待，我應該放輕鬆享受即將到來的驚喜就好。

不幸的是，我根本不知道怎麼放輕鬆。

首先我纏著約翰告訴我要去哪裡，但他不爲所動。當我們到達一家熟悉的餐廳時，我告訴他應該在哪裡停車，以便避開晚餐後的塞車。接下來我問他帶的錢夠不夠支付晚餐費用。當約翰想爲我拉椅子時，我不理會他就自己拉開坐下。當帳單來時，我跟約翰說他應該給點小費。當我們離開餐廳時，約翰想帶我去看電影，但因爲當晚一切都不在我的掌控之中，所以我焦慮不已，只想回家。

妳可以想像那天晚上的一波三折。每次約翰做某件事的時候，我就踩煞車。和我在一起就像開一輛卡在一檔的車，一點都不浪漫也不好玩，而是既累人又緊張。

無意間，我害約翰想要創造一個甜蜜、親暱夜晚的努力付諸東流。雖然很尷尬但我承認，當別人請我出去玩的時候，我完全不知道如何享受。我不能忍受不是由我發號施令，因爲掌握主控權讓我有安全感。

出乎意料會讓我焦慮，連愉快的驚喜都不例外。

我有最怪的毛病

回家後，我泡了熱水澡讓自己放鬆下來。坐在浴缸裡，我努力想弄清楚自己爲什麼無法享受與丈夫外出的夜晚。我想要找出當晚除了我以外還有哪裡出差錯，但卻找不到。

問題就在我身上。那時候我才發覺，如果我還想要跟愛我而且希望我快樂的丈夫建立親密感，那我必須學會克服一開始成爲焦點人物的不自在。我必須找到大方接受的勇氣。

那天晚上我發現我的享受能力很有限。唯一妨礙我享受與我丈夫外出共度浪漫夜晚的一件事，就是我在別人善待我的時候感到不自在。

那天晚上之前，我以爲問題出在我丈夫身上，或我們付不起外出用餐的開銷，或婚姻不像約會。但看到約翰那麼努力想要創造一個特別的夜晚，安排所有他知道我很喜歡的事，再看看自己習慣性地拒絕他的苦心，我發覺阻撓我得到快樂的人就是我自己。那就像知道艾德·麥克馬洪（Ed McMahon，譯註：美國電視節目主持人）帶著一張樂透頭彩獎金的支票站在門口，我卻因爲不確定自己會拿到多少錢而不肯開門一樣。

如果我想要跟我丈夫和他人擁有好時光——更別提親密了——我就必須加強自己在得到他人善待時的「耐受力」。

回想起來，我可以看到自己這輩子如何拒絕接受禮物和特別待遇，但一直到那天晚上我才眞的「覺悟」。在那靈光乍現的時刻，我感覺自己好像有個全世界最怪的毛病，沒有人能夠了解。

我不知道有哪些書、哪個解惑專欄，或哪個脫口秀主持人曾經談過「接受」的問題。

我完全不曉得該如何改變自己，但我知道我一定得做點什麼，因爲我急著想要停止阻撓可能降臨在我身上的所有善意、款待，甚至金錢。我絞盡腦汁想找出克服焦慮的方法，然後有一天下午我正在床上安靜地折疊衣服時，我想起了從當衆唱歌這件事學到的東西。

我第一次表演是在洛杉磯郊外一家小咖啡廳，當時我非常緊張而且太過自覺，因此一點都無法樂在其中。整個晚上我內心都因自己的錯誤而畏縮，表演結束時我就像一大塊糾結成團的麻花麵包。但我並未讓此事阻撓我隔週再回去表演，而且當沒有一個人說我很爛時，我的焦慮稍微減輕。時間一久加上幾十次的演出之後，我在舞台上越來越自在，而眞的樂在其中。最後我終於不再想出錯的問題，只是享受用微笑以及唱他們點的歌曲與觀眾交流。

我決定訓練自己盡可能多接受善待，就像我決定不顧我汗濕的掌心和狂跳的胸口，仍繼續上舞台表演一樣。我開始進行接受療法，希望能提升婚姻中的親密、深化友誼、改善生活品質，成爲我們鄰居和社區眼中令人愉快和大方有禮的人。我把「接受、接受、接受」當作口頭禪，希望自己一旦習慣接受善待，最終就能樂在其中。

當時沒想到這麼做居然會吸引更多好事降臨到我身上。

我必須忽視腦袋裡的警報系統

強迫自己即使在自認無功不受祿時，也要以「謝謝」回應約翰的讚美以及他出乎意料之外爲我做的貼心事，除此之外什麼都不說，這就跟使用我多年來不曾伸展過的肌肉一樣不舒服。但使用那些接受肌肉的次數越多，我從聽到並相信我以前會草率打發的讚美當中得到的信心就越多。

當約翰提議他要洗碗時，我不理會自己害怕他會在玻璃杯上留下擦痕的恐懼，只說了句「謝謝」，因此我在晚餐後擁有一點自己的時間看看書，或打電話和朋友聊天。我的接受肌肉越來越強壯，而且體驗到過去事必躬親的那些日子裡從未有過的平靜。我覺得自己變得比較漂亮、比較聰明、比較受人疼愛，那是因爲我不再嚴詞回絕他的好意，所以約翰一直跟我說我很美麗、很有頭腦、他很愛我。

當妳聽多了這種話之後，就會開始相信它，而且聽到並相信自己有多好、多叫人喜愛，給了我繼續接受的動力。

在我意識到之前，大方接受就已經變成第二天性。我開始在自家以外和生活中的每一個領域伸展我的新肌肉。有一天我讓搬貨小弟幫我提一袋食品雜貨到車上，以前我不曾做過這種事，因爲我認爲太驕縱了。我想像別人會懷疑這個四肢健全的女人是怎麼了，連把自己的雜貨提到車上都不行。但我沒看到任何奇怪、批判的表情（相信我，我刻意搜尋過），而且那個搬貨小弟好像一點都不介意，所以我隔週又做了一次。最後我終於注意到，我再也不怕上超市：我最討厭購物的一點，就是得使勁把購物袋提到車上，如今這個困擾消失了。

工作時，當一位同事在另外兩個人面前稱讚我的時候，我很擔心會有傳言說我自負得只說「謝謝」。但是，如果眞有傳言，那一定是沒有傳回我耳朵裡。

我接受一個朋友的道歉，因爲她的中古車把油漏在我們家的車道上。我沒有嘴上說「不要緊」卻背地裡討厭她的老爺車，我只是說「謝謝，你的道歉我心領了。」聽到自己那麼常說「謝謝」，我發覺我接受了很多東西。我覺得很感激。

我不再拒絕我想要的那些東西，因爲我很喜歡它們。事情變得越來越好，雖然我偶爾還是會不自在，但我可以忍受。

受比施更有福

渴望被人賞識是人性最深層的本質。

——威廉．詹姆斯（William James）

然後節日到來，一個朋友臉上帶著頑皮的微笑遞給我一個包裝精美的盒子。起初我很緊張，因爲我沒有準備禮物給她，但她好像不在乎，因爲她的注意力完全放在送我禮物的興奮上。她解釋說：「這實在跟妳太配了，我非買不可。」當我打開包裹，發現一件在舉著雙拳的卡通金髮女郎圖案下面，印著「金髮彗星美人」字樣的T恤時，我笑了出來。我們兩人都笑它實在太合適了，因爲那個卡通人物不但有我的膚色和髮色，好像還完美表現出我活潑大膽的性格。當我模仿T恤上的女郎擺出雙拳高舉的架勢，然後說：「我就是這樣子！」的時候，我們共享了一段很棒的歡笑時光。這就是她唯一需要的回報。

我按捺住出去爲她買個節日禮物的衝動。我知道單純收下並享受這份禮物，也是一種回禮。出於罪惡感而在最後關頭包裝一條絲巾送她，只會削減她送我那份禮物的價値，因爲她這麼做顯然是出於好玩和靈感，而非義務。反之，我們兩人都被她的禮物逗得很樂，尤其是她看到我穿上它的時候。那件T恤一直被我穿到破掉爲止。

就在那時候，我學到了受比施更有福。

每個人都能學會接受

知道如何付出很重要，而且大部分女人都非常懂得付出。但沒有同時學會接受的話，我們不可能成爲好朋友、好妻子、好母親、好同事和好姊妹。

接受的奇妙之處在於，就算妳認爲可以一個人自己做，但讓妳所愛的人幫妳布置派對會場或寫履歷表，妳會發現自己擁有更多空閒時間。

當妳接受身邊的人想要給妳的所有協助、褒獎和實質禮物時，妳的自信將會大增。妳的接受將會讓妳明白妳值得擁有那一切。

以維多莉亞爲例：當她承認自己偷偷渴望成爲演員時，唯一一個她覺得信得過而敢透露的人是她姊姊。讓她驚喜的是，維多莉亞的姊姊很支持她的夢想，建議她在附近上表演課的那幾天晚上到她公寓過夜。光是接受那個認可的表態，就給了她足夠的信心，決定選修她多年來只敢幻想的課程。我最後一次跟維多莉亞談話時，她已經有經紀人以及一片令人印象深刻的試演帶。她所得到的，遠超過「信心提升」這件事。

當妳停止草率打發並開始接受道歉時，妳也會感覺比較自重，因爲妳這麼做的時候，妳會發覺妳值得他人遵守他們對妳的承諾，體貼地對待妳。

最重要的是，隨著妳越來越能大方接受，妳的朋友關係和感情關係也會日漸穩固和親密。那是因爲接受的要件是卸除心防、坦露自己，進而創造出源於信任感的親近。懂得接受的人知道，他們單純讓別人取悅他們時，他們也是在付出。

不管妳想要讓自己看起來謙虛又獨立的自然反應有多強烈，妳都能夠開始擁有妳自稱妳最想要的東西，只要妳好好鍛鍊自己的接受肌肉。

仔細想想妳拒絕的事物

貓似乎依照著「想要什麼儘管開口、反正於己無害」的原則過活。

——喬瑟夫・伍德・克魯奇（Joseph Wood Krutch）

如果妳和我以前一樣，那妳可能根本沒有覺察到自己在拒絕禮物。當別人恭維妳的時候，或許妳只是說不出簡單的一句「謝謝」接受對方的好話。當一個朋友說「我請客」，然後拿起午餐的帳單時，妳堅持要自己付錢，因爲妳不希望帳單支出成爲妳朋友的負擔，或覺得欠她一份人情。當一個同事提議幫妳把其中一箱辦公室用品搬上樓時，妳可能會說「沒關係，我拿就好」，想證明妳有能力。

我們告訴自己，當別人爲我們付出時，我們只不過是講求效率、體貼和謙虛而已。不管拒絕禮物和恭維的「原因」爲何，結果都是一樣的：妳拒絕了本來會帶給妳樂趣和享受的事物。

以下的小測驗可以幫助妳了解，妳可能以什麼方式不愼拒絕了妳自稱妳想要的東西。

25分或以下：生活不必過得那麼辛苦

做妳那樣的人並不容易，因爲妳雖然堅強而且努力工作，但卻很疲倦而且常常無法招架。沒有人在筋疲力竭時還能艷光四射，不過妳現在關心的可能不是這件事，大部分時候妳想知道如何不被生活完全壓垮。好消息是，比較輕鬆的生活、比較良好的關係以及比較多的時間都在唾手可得的範圍內。如何擺脫這種一成不變的模式，照妳一直想要的方式生活，以下我會提供簡單的方法，請繼續讀下去。

小測驗

妳是個大方的接受者嗎？

	很少	偶爾	經常
01. 當一個相約碰面卻遲到二十分鐘的朋友向妳道歉時，妳以一句「沒關係」很快地解除了緊張氣氛。	☐	☐	☐
02. 當妳發現自己想要擁有某個不切實際的東西時，妳會擺脫這個念頭，免得以後會失望。	☐	☐	☐
03. 晚宴之後，兩個朋友提議留下來幫妳整理，妳說：「妳們不用這麼做。」	☐	☐	☐
04. 妳一直都知道自己的頭髮太細，所以當一位同事說妳的頭髮很漂亮時，妳向她道謝但也指出它們其實太軟了。	☐	☐	☐
05. 當妳面對「妳今晚想做什麼？」的問題時，妳希望妳的伴侶或別人提出計畫，因為妳什麼都想不出來。	☐	☐	☐
06. 妳真的很忙。	☐	☐	☐
07. 妳說服自己最好的朋友做了一項投資，結果血本無歸。當然她很不高興，兩人關係為之緊張。妳一再道歉，因為妳覺得非常內疚。	☐	☐	☐
08. 如果有人請妳指出妳哪一個身體部位最漂亮，妳要花點時間才說得出答案。	☐	☐	☐
09. 妳討厭自己的工作。	☐	☐	☐
10. 經濟上依賴他人讓妳覺得很不舒服。	☐	☐	☐

計分方式如下：
☐「很少」得5分；☐「偶爾」得3分；☐「經常」得1分
把三欄的得分全部加起來（總分介於10至50分之間）

26到42分之間：愜意生活就在不遠處

妳知道如何接受恭維，也不會拒絕禮物，但妳確實需要一些協助。壓力是生活的一部分，但妳不必獨自承擔。妳感覺到的那種灰暗的枯燥無聊，顯然是樂趣不足的表徵。沒錯，妳是有些樂趣，但妳還可以擁有更多。繼續讀下去，妳就會明白。

超過42分：恭喜妳，妳是個輕鬆、有自信的女人

妳不需要我告訴妳生命很美好。妳每天都會細數自己的幸福，而且是一長串。人們被妳吸引，因爲妳落落大方又有自信。妳工作認眞，但也擁有自己的時間、家人和朋友的支持，而且很懂得玩樂和放鬆。這本書將讓妳了解，如何從妳自然而然已經做得這麼好的事情中獲益更多。

只要聽從幾個簡單的建議行事，任何人都能成爲優秀的接受者。但這本書卻能夠幫助妳開始依照受比施更有福的原則過活，只要妳先覺察到現有的行爲，然後以新代舊即可。換句話說就是，開始接受。

第一種生活態度

樂於接受

第 2 章

開始接受

Begin to Receive

盡情享受他人的好意和誠心致謝

在別人不接受妳的施予時，留意自己有什麼感覺。無論多麼輕微，那種刺傷就跟妳草率打發或斷然拒絕別人的禮物時，他們感覺到的排斥一模一樣。

利用一星期的時間，記下每天別人施予妳的一切。所謂的施予可能是從一個甜美的微笑到一個正面的意見、從妳丈夫拿到床邊給妳的一杯水到妳朋友夫妻倆臨時起意邀請妳一起用餐的任何事物。留意那些讓妳最不自在的施予。妳可能覺得尷尬，但妳不必透露出來。只要練習除了「謝謝」之外什麼都不用說。

克服收下禮物的內疚感或難為情

愉悅事物的施與受既是一種需求也是一種狂喜。

——卡里・紀伯倫（Kahlil Gibran）

忘掉妳學會如何看起來很謙虛的那一套。大方接受指的是，以輕鬆和親善的態度收下別人提供給妳的事物。所謂大方得體就是有禮貌；無論別人提供給妳的是一杯水還是到一家高級餐廳享用晚餐，有禮貌指的就是道謝並接受對方的施予。

爲什麼？

因爲拒絕禮物就是拒絕送禮者。

想像一下妳正打算給妳最要好的同事一個很優雅但看起來很神祕、塞滿包裝棉紙的袋子。她在工作上遇到困境，妳想要表達妳的關心，所以妳買了一張修指甲禮券給她，放在那個大袋子裡。妳希望能藉著小小的寵愛讓她高興起來。早上開車去上班的路上，妳格外有精神，很高興辦公室就快到了。爲別人做點好事會讓人很興奮；妳期待著帶給她快樂的一天，妳希望妳的禮物能夠讓她明白，妳認爲她是個很好的人，而且妳會支持她度過逆境。滿懷期待下，妳把禮物袋遞給她。她一邊嘆氣一邊打開它，一直說：「妳不用這樣子。」

當她的手探到那一堆粉色包裝棉紙底下時，她垮著臉說：「妳眞的不需要這麼做。」

那時候妳有什麼感覺？

我猜可能是垂頭喪氣。妳說：「我知道，可是我想這麼做。」但現在妳很懷疑自己爲何想這麼做，因爲妳不但看不到她的臉爲之一亮，還覺得很尷尬。原本妳只希望能看到她高興個幾分鐘，知道妳帶給她快樂的一天就好，但她消沉的反應讓妳感覺好像「妳」失敗了。她似乎比妳送她禮物之前更不快樂。眞是白費心思！

現在妳明白大方接受有多重要了吧？

當妳最好的朋友說妳看起來很漂亮之後，妳跟她爭辯就是在拒絕她。她想要得到稱讚妳的快樂，就像妳想擁有看妳朋友滿懷快樂的期待、打開精心包裝的禮物那種喜悅一樣。

大方接受是迷人的。當我們接受一個朋友多出來的電影票，或者當我們面帶微笑聽她承認意外收到一張三溫暖禮券眞讓她高興時，我們會變得更有吸引力、更討人喜歡，因爲那反映出我們充滿人性而且吸引人的一部分——毫無戒心。那樣做讓別人知道他們能夠讓我們快樂，也知道我們明白我們不是完全自給自足。讓他人擁有帶給妳快樂的一天的滿足感，不但會讓他感覺很好，也會讓妳看起來很好。當妳接受一個禮物，妳必須（至少暫時）承認妳值得收下它，就算妳是無功受祿也一樣。

妳爲了不至於無功受祿而必須做的唯一一件事就是，克服任何會讓妳拒絕收禮的內疚或難爲情的感覺——這些感覺讓妳拒絕收下禮物。

事情好到超出我能承受的範圍

那些無法分辨自己渴望或期待什麼的人，仍哀聲嘆氣地跟模糊的想法和無邊的希望苦鬥。

——羅夫．威爾多．愛默生（Ralph Waldo Emerson）

如果妳不大方接受，妳便散發出妳沒有價值的訊息，而且別人也會那樣看待妳。

如果妳覺得不自在但仍表現得落落大方時，妳便散發出妳知道自己有價值的訊息。

我們的朋友爲約翰和我的結婚紀念日，不但安排了一頓慶祝晚餐，還安排了一個慶祝「週末」時，我就是應該那麼做。我知道我有兩個選擇，一個是接受並好好享受冒險樂趣，另一個就是拒絕他們精心籌備的禮物。我承認，他們爲我們花了那麼多力氣和金錢，讓我覺得有些內疚，但我並未掩飾或遷就那些感覺。當六個朋友在一頓豐盛的早午餐上向我們敬酒，然後送我們到一家海灘渡假村過夜時，我沒有煩躁不安，反之，我記得自己在這個經驗裡的每一分鐘都很快樂，而且還因爲感覺大家那麼愛我而哭了。我完全失去主控權，因爲他們要帶我們去哪裡（他們蒙住我們的眼睛，讓我們坐在後座），或他們花了多少錢（很多）我都沒有置喙的餘地。只有在失去主控權但知道自己很安全的狀況下，才能得到那種感動；任何我能自己安排的事情都達不到它的一半效果，也無法帶給我、約翰或我朋友在內的任何人一半的快樂。

我讓朋友知道我是多麼的驚訝和歡喜。「這是我能想像到最好的結婚紀念日禮物，」我告訴他們：「眞是讓人驚喜。你們表現得太棒了，你們讓我們非常、非常快樂。」

「就是啊，眞的謝謝你們。實在太棒了。」約翰補充說。

我們的朋友咧著嘴露出笑容，高舉雙手互相擊掌。從他們的微笑和嘰嘰喳喳的閒聊當中，我知道他們跟我們一樣高興，而且一樣玩得很開心。他們製造的驚喜受到熱烈歡迎，讓他們覺得自己的創意和努力得到賞識。

不管是出於謙虛、自給自足或不配接受的感覺，現在我知道我之所以拒絕禮物，是爲了能繼續掌握主控權。但拒絕禮物就是拒絕送禮者，造成我和我愛的人之間有了距離。所以除非我擺脫因收下禮物而產生的不自在和焦慮，進而放棄一些控制，否則不會有親密可言。當我確實能輕鬆享受收下禮物的愉悅時，我可以感受到情感交流的美好。我並不能完全自給自足，而且我也不需要如此。我一直都沒有打算這麼做。

畢竟，接受就是最好的禮物。

快樂收下，不必打平

如果你不認為有必要致謝，那問題一定出在你身上。

——美國原住民諺語

想要掌控的另一種形式是，當妳得到讚美時就會讚美對方，以便兩不相欠。比方說，當一個朋友說她很喜歡妳的鞋，妳立刻找出某件可以稱讚她外貌的事，而不是單純享受那些好話帶來的喜悅以鍛鍊妳的接受肌肉。

妳可能苦於欠下人情債的感覺，相信施予者和接受者都有一張計分卡，而且一直在核對以確保不會你多我少。妳可能相信，如果有人送妳一份生日禮物，妳也得送他一個，不是因為妳想送，而是因為妳欠他。我之所以知道這一點，是因為以前我的腦袋隨時隨地都有一張巨大的計分卡。妳也可能相信，如果妳曾經對某人說「這次午餐我來付，下次再換你請客」，妳知道那就和計分一樣。

如果妳有這種計分的習慣，那妳收到的每一份禮物也都是一個義務。如果那些義務開始越堆越高，妳可能永遠脫不了身。

我以前總會打消人們送禮給我的念頭，如此一來我就不會欠下人情債。多年前，當我們的朋友莫妮卡和她丈夫邀請我們去他們家吃晚餐時，我開始提出一些我們為何不能去的藉口。她是一個極有天分的廚師，她那填入美味的肉和起司餡料的自製義大利麵，以充滿異國風味的印度香料烹調出來的精緻晚餐出了名的好吃。我知道我的廚藝永遠比不上莫妮卡，我能請他們吃什麼呢？煮一鍋罐頭湯就叫打平嗎？所以在他們請我們吃過兩次晚餐，而我們一次都沒有請過他們之後，我開始拒絕他們的邀請。悲哀的是，我們之間稍後不久開始走味的關係也就此結束。可惜我當時不知道，好好享用晚餐本身就是回報。

大方接受意味著原原本本收下送給妳的禮物：沒有任何附帶條件。如果妳附帶了未來承諾的條件，妳可能覺得比較有主控權，知道自己和送禮者的步調一致，但妳將在不知不覺間拒絕了妳生命中想要更多的那些東西。計分意味著把妳能接受的範圍限定在妳能回報的東西上。不要務求打平，會讓美好的禮物、協助和讚美通暢無阻地進入妳的生命中。妳唯一必須做的是，不要在心裡的計分卡上斤斤計較誰欠誰。

當我的朋友送約翰和我一個週末假期，慶祝我們的結婚紀念日時，對我來說，接受上述想法並不容易。一部分的我想在他們特別的日子裡送他們大禮做爲回報，但我知道他們不希望我在未來送一份等值的禮物報答他們。對他們來說，禮尚往來不是重點。

我不欠他們什麼，所以唯一需要做的只是盡情享受和誠心致謝。

感覺不自在也要說「謝謝」

爲什麼收下禮物會讓我們不自在？接下別人給的實質禮物之所以讓妳覺得尷尬的原因很多。或許妳擔心自己沒有回禮，或妳眞的不配收禮，或妳不應該需要任何額外的東西。也許妳寧願避開在別人剛送妳某樣東西、正滿懷期待等妳打開禮物時，妳變成目光焦點的情況。

當接受禮物讓妳覺得自己能力不足、不夠謙虛或有罪惡感時，妳有兩個選擇。妳可以臣服於妳的不自在而拒絕收禮，也可以選擇就算覺得不自在仍然大方收下它。

如果妳因爲覺得不自在而拒絕禮物，那妳就會阻撓自己得到妳最想要的那些東西。如果妳找到勇氣「克服」妳拒絕禮物或恭維的本能，不顧卸除心防的脆弱感，那妳不但會收到更多妳想要的東西，而且妳承受富足、親密和平靜的能力也會提高。

卸除心防到足以接受的地步，可能會一直讓妳覺得不舒服，但妳將收到的東西會讓妳感覺很好，如果妳肯讓此事發生的話。妳必須能夠忍受身爲優秀接受者的不適和舒適感。

凱莉很感謝一個鄰居把她孩子長大穿不下，但幾乎完好如新的嬰兒衣服送給她，但私底下她覺得很不好意思收下這些衣服，因爲她認爲這樣做讓她家看起來好像很匱乏。但是，如果能利用別人再也用不上但完好如新的舊衣服就叫匱乏，那麼我們每個人都是。依照那個邏輯，每個人都不應該收下生日禮物或喬遷賀禮，除非他們能力不足、不是什麼都有。我們每個人應該生來就擁有所需的一切，但當然事實並非如此。

凱莉也忘了鄰居爲她做好事的時候感覺有多好，能看到那些小衣服穿在她寶寶身上讓對方多麼高興。當那位鄰居看到凱莉的寶寶穿著她女兒以前穿過的一件套頭衫，她學嬰兒聲音說話並要求抱抱小孩。她告訴凱莉：「這讓我想到我女兒小時候的樣子，謝謝妳喚起我的回憶！」當她們兩人感覺到寶寶在那粉色布料下的溫暖而滿心喜悅時，凱莉感受到她和另一個母親之間的連結。顯然那位鄰居也收到了某個東西——有個小寶寶的美好回憶，而且很高興知道自己已經過了與尿布奮戰的階段。

關鍵在於：當妳感覺很想拒絕禮物時，別忘了接受也會讓送禮的人感覺很好。

承認並非凡事全在妳掌控中，不是一直都那麼容易。有時我們想要能夠說我們樣樣自己來，但因爲沒有人能夠達到那種要求，所以不妨讓別人幫妳，讓妳的生活過得更好。

當妳鍛鍊出接受肌肉，開始大方接受時，每個人都會收到禮物。妳也開始培養自己配得上好東西的信念。

第一種生活態度
樂於接受

第3章
假裝很自在
Pretend You're Comfortable

假裝自己配得上好東西，會更有自信

不管妳覺得多麼不自在，當別人給妳一個讚美、禮物或協助時，如果妳表現得好像很自在，妳很快就會開始感覺比較輕鬆自如。當別人給妳某個東西時，妳越感覺自己不配擁有它，就會越不自在。

提醒自己不要忘記——情意、物質、時間和能量都可以再補充，藉此建立起這個世界能給妳很多東西的信心。

如果妳表現得好像自己配不上某個東西，別人也會這麼想

小心你的假裝，因為你假裝是什麼，你就是什麼。

——柯特．馮內果（Kurt Vonnegut）

學會大方接受將讓妳更有自信，因爲它展現出妳相信自己值得擁有快樂的驚喜。如果妳拒絕禮物、恭維和協助，不管理由多客氣，妳還是傳達了一個妳配不上那些東西的訊息。

當我自動自發提議幫一位也是作家的朋友寄發手稿時，她先是告訴我，因爲太麻煩了，所以我不能這麼做。我猜想她是覺得不應該接受我的幫忙，因爲當我堅持幫她校對、列印，並把她的手稿寄給幾個熟識的業者時，她開始條列我必須遵行的步驟，好像我不知道自己該怎麼幫忙似的。「那會占用妳很多時間，」她說：「還有很多印表機墨水，而且郵票也要花錢。」她的聲音讓我想到一個想要勸小孩不要做傻事的母親。

「妳確定想這麼做嗎？」她嚴肅地問。此時我想幫她的熱誠逐漸枯竭。我後來確實幫她完成這個計畫，但她的反應讓我做這件事的時候少了許多樂趣。雖然我愛我的朋友，但她讓我對於要不要再幫她忙有了疑慮。

我認爲她是因爲利用我而感到內疚，即使提議幫忙的人是我。好像她衡量過這份禮物讓我付出多少代價，然後認定代價太高了，那樣做等於告訴我，她認爲自己不值得我幫她忙。她的信念非常有效地說服了我。

世界能給我的比我想像的還多

富足有很大一部分是一種態度。

——蘇・帕頓・瑟利（Sue Patton Thoele）

我以前認爲世界上一切事物的供應是有限的，並會日益減少。當我看著父母賣力供應學校制服和充分的關注給四個兒女時，逐漸發展出這個觀念。他們經常捉襟見肘，所以中學時我只有兩條長褲可以替換，而且還得常常當弟妹們的保母。

成年後早期，我的帳戶經常透支，再加上每週四十小時的工作之後僅存的精力不多，所以深覺困乏的心理更爲強化。

如果世界上的基本事物那麼少，我怎麼有資格得到特殊但並非必需的小東西呢？

我以前相信每個人能得到的東西很有限，而且一旦與人分享就會進一步減少。如果妳的籃子裡有四個蘋果，一旦給了我一個表示妳只剩下三個，這讓我覺得自己好像從妳身上剝奪了某樣東西似的。我想像妳在某方面已經超過個人能力所及，而我應該照顧妳。如果我不吃那顆蘋果也過得去，而讓妳擁有的蘋果多一點，那我會覺得比較有品德。但是，我因爲覺得拿了會有罪惡感而拒絕接受的那些蘋果，往往一放就放到爛掉了。

我告訴自己，「不接受」讓我保持人格的高潔，因爲我相信如果我接受某人的蘋果，那她就得將就著過日子。但這世界是一個富足的地方，我拿了越多提供給我的東西，我就會變得越來越健康強壯，然後我就越能幫忙建立一個健康強壯的社會。當我成長茁壯時也會利益他人，所以接受提供給我的東西其實是比較體貼的做法。

然而，我從小到大被教導自己的責任自己扛，「接受」似乎代表需求不滿。如果我拿了別人的東西，我會認爲那意味著我的組織能力、準備工夫或自信不足。拿別人的東西讓我覺得自己在那方面有所匱乏，而且我認爲匱乏意味著我不夠格。

感覺自己不配擁有一些降臨在我身上的禮物，讓我內心十分掙扎。如果我眞的能自給自足，哪還需要別人幫我搬家，哪還需要讚美或是那瓶祝賀喬遷的葡萄酒。我朋友是不是認爲我連搬家這種小事都處理不了？太沒安全感才會需要別人一直讚美我？我連葡萄酒都沒有？

當別人為我花錢或花時間時，我也會有罪惡感。至少對於讚美，我知道他們不用太花工夫或金錢就能給，但是當昂貴或花時間的禮物降臨在我身上時，我就會立刻想到送禮者一定為我做了什麼犧牲。我寧願什麼都沒有，也不要有那些罪惡感。

當我們的一些朋友提議募集三千美金，好讓我們的樂團能錄製和發行一張CD時，我的感覺就是那樣。一想到接受那筆錢，我的內心就為之畏縮，因為我認為如果想要製作一張CD，我應該自己負擔。但我朋友的感覺並非如此。他們相信我的能力而且很喜歡我們的音樂，因此願意贊助錄音和發行。在那時候，我卻覺得既不配擁有那筆錢，也不配得到那個讚美。

我拿了錢、錄了CD，但我卻把它當成必須償還的負債看待。現在，我已經懂得欣賞那些朋友送我的那份美好禮物，他們偶爾還會聚在我家客廳，彈唱我當年參加樂團時的老歌。

如何才能感覺自己配得上

如果妳和我一樣，不覺得自己配得上他人給的東西，那妳應該怎麼做？很簡單：表現得好像妳覺得自己配得上。如果妳假裝妳覺得自己配得上，就會對此產生信心。

如果妳能藉由在別人給妳東西時表現得好像感覺很自在，而超越自己不值得的感覺，就能培養出擁有妳最想要之事物的耐受力。

在電影〈奪寶大作戰〉（Three Kings）當中，喬治．克隆尼對一個害怕接下危險任務的緊張新兵解釋勇氣的矛盾之處。他告訴那個新兵：「你去做你害怕的事就對了……先去做，事後再培養做它的勇氣。」

培養接受的能力也是如此。如果妳接受一個讓妳難爲情的讚美、禮物或協助，那妳事後就會產生感覺自己配得上的信心。因此，不管妳感覺自己配不配得上，決定大方接受都會讓妳有自信。

在妲莉亞開始培養接受能力之前，她的生活充滿惱怒：她的房東侵犯她的隱私。妲莉亞獨攬所有的家務，因爲當她的孩子忙著做功課或體育訓練時，要求他們幫忙讓她有罪惡感。每次有人稱讚她的藝術作品時，她就會忐忑不安，因為她覺得要是她有更多時間的話，她能讓每個作品變得更豐富。今天，妲莉亞和她家人已經有了自己的房子，房子乾淨整齊，因為孩子們熱心分擔家務，而且她的作品展示在畫廊裡。

「當我學會接受幫忙時，我的情況跟著變好。」妲莉亞告訴我：「我聽從一個已經買了房子而且通情達理的朋友建議，也聽了我哥哥的建議，他介紹我給一個畫廊老闆認識，此外在家事方面也聽我孩子們的話。我確實比較有信心，覺得生活會越來越好，我的藝術事業今年將會開花結果，因為我知道我不必樣樣自己來。看到我的作品展示在畫廊裡，讓我願意相信別人可能真的喜歡它們，因此比較聽得進人們的讚美。當人們稱讚我的時候，我不再覺得他們好像在對我施恩。」

有時候接受讚美之所以讓我們不自在，是因為它挑戰了我們對自己的信念。所以當我們沒有信心的某一方面突然間成為注意力焦點時，我們會覺得難為情。

然而，當妳練習接受時，妳就會擴大自己的自在區域，增加妳相信自己配得上的事物。當我說妳能承受多少，事情就會變得多好時，我指的就是這個意思：如果妳能找到勇氣接受妳不習慣擁有的事物，妳就會開始發覺妳的確配得上那些美好事物。妳將會培養出過得更好的耐受力。

信心是接受的必要條件

信心就是，在你看不到整個樓梯間時邁開第一步。

——馬丁・路德・金恩（Martin Luther King Jr.）

當然，要那樣做，妳必須有信心。

妳越相信東西多得是，接受就越容易、越令人愉快。在餐桌擺滿食物的感恩節盛宴上，我們通常會盡量把自己的盤子和肚子塡滿，我們親眼看到每個人都有得吃。我們必須要有一點信心，才能接受我們覺得最重要的事物，因爲妳不一定都能看到自己身邊的富足。所以，妳必須把提供給妳的東西當成證據，相信這世間能給妳的好東西多得很。

明天將會長達二十四小時，所以只要妳活著，妳就會有更多時間。精力也是一樣。不管我今天有多累，晚上休息之後，明天我又會精力充沛。如果我的錢用完了，而且我經常如此，我可以再賺。如果我的食物吃完了，我可以去雜貨店再買一些，或在我家花園裡種一些。

重點是，宇宙是富足的，因爲我們最基本的資源全都能夠再補充。妳越能看到世界的富足，妳對接受的感覺就越自在。

一旦妳能自在地收下一大部分爲了妳的快樂和享受而提供給妳的東西，妳就不必如此掙扎或擔憂了。當妳接受提供給妳的東西時，妳就不會有無謂的情緒困擾或罪惡感，因爲妳不會剝奪別人的快樂。

第一種生活態度

樂於接受

第 4 章

放下掌控，卸下心防

Get Out of Control

學習接受，放棄主控權，撤下防衛心

要接受，妳必須暫時放棄掌控。在迫切想要掌控的背後藏著恐懼，因此，當妳發覺自己拒絕或草率打發恭維或禮物時，應該自問妳在怕什麼，藉此找出根本原因。問問自己，妳的恐懼有無事實根據。如果有，那在妳大方接受時會發生的最壞情況是什麼？

妳可能會發現，妳很想告訴別人他們也應該接受他人的付出。譬如，妳可能提議中餐由妳買單，但別人卻說「不要，不要，我來付」。有了新的覺知之後，妳在面對上述情況時會想要告訴對方「嘿，接受、接受、接受」。但是，試圖掌控別人的接受方式，只會害妳喪失接受的機會。反之，妳應該把焦點放在自己的接受上。

接受意味著感覺毫無掩飾

唯一能讓生命繼續下去的是永久、難以忍受的不確定：不知道接下來會發生什麼事。

——娥蘇拉．勒瑰恩（Ursula Le Guin）

活下去的最佳方法是，不知道一天最後會發生什麼事。

——唐納德·巴瑟姆（Donald Barthelme）

我認識越多女人，就越注意到我們大部分女人都比較善於付出，而不善於接受。我們不費力氣就對一個朋友的漂亮涼鞋，或可口的義大利千層麵說出自己的看法。我們毫不遲疑就會認爲她的想法很棒，或因此就能寫張卡片給她。但當這份善意的傳達目標是我們自己的時候，我們往往會用「這些是去年的」、「做起來不像它看起來那麼難」之類的話還嘴，或者不假思索地回答「妳不用這樣」，而拉開我們跟它的距離。

由我負責的親密工作坊，目標之一是希望幫助女人從他人身上找到有助於建立親密的連結（若想進一步了解工作坊的課程，請參觀網站 lauradoyle.org/blog/）。因爲大方接受會自動連結接受者和給予者，所以第一步就是養成接受的習慣。我要求女性們想出對課堂上另一名女性的眞實讚美，例如「妳笑起來很好看」或「妳是一個令人讚嘆又有義氣的朋友」，藉此練習接受。即使我才剛提醒她們要態度認眞並心懷感激地接受讚美，但很多女人卻以開玩笑或草率打發的方式回應。她們會說「戴了六年牙套，笑起來還難看不就慘了」或「說我有義氣聽起來好像我是女張飛」這類的話。

這些女人總是說同樣的話——稱讚別人比接受讚美容易。

爲什麼？

因爲稱讚別人讓我們感覺掌握主控權，但接受讚美卻讓我們有失去掌控和毫無遮掩的感覺。

當我們稱讚別人時，我們把注意力放在別人而不是自己身上。當我們接受讚美時，我們察覺到別人在觀察我們，內心掀起一陣難爲情的波瀾。接下來我們發現自己心裡充滿無可遁逃的脆弱感。那種脆弱感的起因是我們知道如果別人看得出我們的天賦，那她也會看到我們的缺點，以及如果某人能讓我們感覺很好，那她也能讓我們感覺很糟。

當我們接受時，我們便毫無遮掩、任人擺布。如果我們避免在人前暴露自己的脆弱，就不會感覺接受是一件有意義或令人提心吊膽的事了。

要擁有親密，妳必須放棄掌控

人類的幸福多半不是建立在很少降臨的當頭鴻運，而是每天出現的小小優勢上。

——班傑明．富蘭克林（Benjamin Franklin）

接受讚美和其他禮物經常讓我們不自在，因爲主控權不在我們身上。本質上，接受是被動的。我們不會主動要求別人的讚美，所以當它們降臨時，我們可能覺得別人有意讓我們看起來很不謙虛。或者，我們可能害怕不請自來的協助意味著某人認爲我們是弱者。

以前因爲我想要保有掌控的感覺，所以我拒絕了女人喜歡收到的東西，包括讚美、道歉、協助、禮物和情感上的支持。當我無法承受時，我不會依賴朋友，而是打起精神往前衝，因爲我想像依賴會威脅到我的獨立性。我隱藏自己的悲傷，因爲我不想讓人以爲我懦弱或情緒化。當我覺得脆弱時，我會避開很樂意支持我的人，因爲我擔心他們可能會看到我的一個罩門，而且誰知道他們哪天會不會用它來對付我，當然這種事不太可能發生。

在我變成優秀的接受者之前，每當任何人給我東西時，我就會不自在，其實追根究柢，我是怕失去主控權。要接受，我「必須」放棄掌控，就算只是暫時，這讓我聯想到生命不可預測，而且不會一直照著我井然有序的計畫進行，因而更加恐懼。

那意味著，我不能叫我的親友不要為我花大錢，或是只有在我生日的時候才能送我禮物。我無法確定當他們提供協助時，他們是否犧牲了自己的享受。我不能確保他們會給我任何我覺得自己配得上的東西。最可怕的是，我想到他們的禮物可能洩漏了我眼中的自己，就像我有重要會議的那天早上，約翰說我看起來很美，而我卻覺得穿著舊套裝渾身僵硬、寒酸過時一樣。聽到了與我對自己的負面感覺相反的正面看法，讓我害怕那是別人在對我施恩或嘲弄。我不信任我丈夫的讚美，因此我也不信任他，因為我當時很確定那不是事實。

我的掌控欲望代價高昂，害我失去接受讚美、禮物、協助以及其他很多我喜歡的東西的機會。但我付出最高昂的代價是，錯過了某人給我們某個東西時，我們得到的情感聯繫；當我們因為得到意料之外的事物而感到驚喜和受寵時，親密感也隨之建立。

過去那些日子裡，我幾乎拒絕所有和每個人發展更深入關係的機會。每次我用我們沒有時間或錢做藉口，刻薄回絕我丈夫帶我出去吃晚餐的提議，我便粉碎了婚姻中的親密。我錯失了與乾洗店那個男人的愉快連結，因爲我斷然拒絕他想幫忙把床罩拿到我車上的提議。當我拒絕朋友想幫我油漆廚房的提議時，我放棄了談笑和認識她的機會。當然，我錯失的親密程度端賴我和給予者的關係而定，但有很多次我拒絕了本來會讓我和對方的生命更甜美的愉快連結。

妳可能認爲和乾洗店的那個男人建立愉快的連結並不是那麼重要，妳這樣想並沒有錯，因爲它並不會劇烈撼動妳的世界。然而，對妳的快樂和幸福來說，感覺自已是社區的一分子卻很重要，當妳接受社區內的每個人提供給妳的東西時，妳就會有那樣的感覺，就算只是附近的小販也一樣。

把槍放下，高舉雙手

我們無法調整風向，但我們可以調整風帆。

——無名氏

因爲我們根本不可能同時想掌控又想大方接受，所以變成優秀的接受者有一部分意味著將主控權交給妳身邊的人。這有點像在遊樂場搭乘雲霄飛車一樣，妳無法掌握方向盤，也不能預測接下來會發生什麼事，但搭乘雲霄飛車之所以那麼好玩，就是因爲這些緣故。

當我在寫《單身女子必修的27堂課》（*The Surrendered Single*）時，我得知有些單身女性想要控制邀約她們的人。比方說，蜜雪兒之所以情不自禁打電話給上週邀她出去的男人，是因爲她說她有興趣再跟他見面。但蜜雪兒眞正想要的是，消除她內心裡因爲不知道她約會過而且喜歡上的那個男人是否會再打電話給她的脆弱感。她想要指定第二次約會的時間和地點，這樣她就不須去猜測他是否喜歡她，以及會不會再打電話來。

換句話說，她想要掌控。

沒錯，做第一個打電話的人意味著蜜雪兒不必等待他，不用焦慮他是否會再打來。但蜜雪兒的做法也讓她無法體驗他自願打電話來的時候，在答錄機上聽到他聲音的那種興奮感。因爲掌握主控權，所以她不再是接受他表達他對她有興趣的那一方。萬一她的約會對象之所以沒打電話來，是因爲他正等著確認某家小旅館的訂房呢？

以上只是舉例說明想要掌控如何讓妳無法收到美好贈禮。已婚女性也可能一樣愛掌控，並因此變得很不大方。譬如，當雪莉的丈夫宣布想帶她出去吃晚餐時，她說：「你瘋了嗎？我們晚上哪有時間出門？」她的回答不但無禮，還很傷人。她錯過了接受他表達愛意之禮的機會，而且這番話也讓雙方更不快樂。她一下就拒絕掉單獨和他共度良宵的機會，傷害了彼此之間的親密。

當妳關上有機會接受禮物的大門，或草率打發提供給妳的事物時，妳是在拒絕送禮者，並把建立親密的機會往外丟。如果妳想要的是親密，那麼當妳生命中的愛情主角想要送妳某樣東西時，就盡可能把它收下。不收等於是拒絕禮物也拒絕他。當然，雪莉絕對有權利決定他們那天晚上要不要出去，但那種控制行爲卻犧牲掉雪莉自稱她更想要的東西：與老公共度浪漫夜晚。

即使在朋友關係當中，我們也常常忘記大方接受。例如，崔希雅提議在吉兒油漆廚房那天幫她去接小孩下課，但吉兒婉拒了她的幫忙，她說：「喔，不用，謝謝。妳眞好心，但我會自己去接他們。」吉兒很希望能多花點時間油漆，而不必在開車去學校之前提早停下來洗刷子，但她也擔心崔希雅會注意到她兩個小孩又流鼻水了，而以爲吉兒沒有善盡母職。吉兒覺得，避免遭人批判的唯一方法就是拒絕崔希雅的提議。她掌握了主控權，避免自己遭受崔希雅的批判（吉兒對自己的批判比她朋友的批判還嚴重），但也因此必須做更多事，並錯失與朋友建立連結的機會。

說時容易做時難

膽小的人在面對危險時會害怕，懦弱的人在置身危險時會害怕，而有勇氣的人則是危險過後才會害怕。

——尙．保羅．里希特（Jean Paul Richter）

「掌控」讓我們免於遭人批評、期望落空、被人拋棄，或者是猛烈抨擊。「接受」意味著我們必須信任他人，就算害怕別人恭維我們的背後動機是想操縱我們，或是怕被別人批評我們自大，或後來我們得付出代價的禮物也一樣。但是，到底為什麼要冒那些風險呢？為什麼要坦露自己呢？

因為只有在我們願意坦露自己的時候，我們才能接受。

接受讓我們暫時成為目光焦點，而且在當下我們得做一個選擇：坦然面對或築起心防。當我們築起心防時，人們會感覺到他們的努力或讚美是白費力氣，他們知道我們不相信他們，因此不再付出。我們的肢體語言和臉部表情發出了一個我們不需要任何人給我們任何東西的訊息。不能坦露自己看起來不是傲慢自大（一切都在我的掌控中，所以我不需要你的幫忙）就是故作謙虛（反駁我們剛收到的讚美）。無論何者，我們都是在防衛，正好與坦露自己相反，而且人們知道不管他們想給什麼，我們都不會領情，所以就不會再試。

接受，也就是坦然面對，需要勇氣。我必須解除心防，接受某人給我的某個東西。這意味著我對於最大的喜悅和最深的痛苦毫不設防、坦然以對。

我們的本能會告訴我們何時應該避免坦露自己，這就是為什麼我以前的應對方法是繼續掌控。不但如此，我還把坦露自己跟懦弱畫上等號，而懦弱是四肢健全、有主見的女性呈現在世人面前的一個極不吸引人的特質。然而，今天我不再認爲坦露自己那麼惹人厭，反而發覺它很有魅力。

不要懷疑他人的好意

我們害怕坦露人性，因為我們若是坦露人性，就可能受傷害。

——瑪德琳．蘭格（Madeleine L'Engle）

當別人說他們想幫忙時，要相信他們。如果他們只是客氣而不是真的想要幫忙，那麼當他們看到妳開誠布公時，就會學到講話應該出自真心的寶貴一課。

比方說，法蘭的父親正要買一台新電腦，他提議把舊電腦送給法蘭的女兒雅莉安娜。但就在他準備把電腦送來之際，電腦卻掛了。他不想收回送電腦給雅莉安娜的承諾，於是提議買台新的給孫女。法蘭很想說「你不用這麼做」，但她及時想起自己正在學習大方接受，因此決定把話吞進去，改口說「謝謝你，爸，你眞好，非常感謝你。」

稍後法蘭跟我說：「我很想知道他是不是覺得有義務送她一台電腦，當然他如果沒有給她，我們可以理解，因爲舊的那台壞了。但我想要變成優秀的接受者，而且我眞的不『知道』他在想什麼。除了謝謝之外我不想說出任何話，減損了他的慷慨。這一次我不干預他人，只幫我自己和我女兒發言，而不是設法照料他。如果他等我幫他解套，那我想他下次就會學乖，只提供他能自在給予的東西。」

不信任他人會做他們想做的事，就好像是說妳不相信他們了解自己並衡動下了決定。妳是想要跳開自己、變成別人，幫他們做最好的決定。妳損害了他們的好意，害他們的精力浪費在無謂的爭執上。那樣子眞令人討厭。妳不但享受不到他們提供的東西所帶來的樂趣，同時也錯失你們兩人之間愉悅的連結。

別揣測他人的感覺，別人會說出他們想要什麼

當你有堅定的信念時，你會發現自己再也不需要掌控，事情會順其自然發生，而且會順勢而為，從中得到極大的喜悅和益處。

——艾曼紐・特尼（Emmanuel Teney）

我以前認爲接受是「拿走」某人的東西。

我無法接受狄妮絲幫我洗碗，因爲她有個年幼的小孩和做不完的家事，所以我不希望她感覺來我家就得幫忙打掃。我拒絕一個提議載我去修理廠取車的同事，因爲我知道我要是接受她的幫忙，她就會陷在堵塞的車陣裡。不管誰提議給我什麼，我總是有辦法找到我應該拒絕接受的理由。

我告訴自己我這樣做是體貼，但其實是想控制那些人（另外還有數十個），因爲我以爲我知道他們給得起多少。雖然我告訴自己我這樣做是禮貌，但對他們來說，我其實是疏遠、冷漠，很可能還惹人厭；我不但拒絕她們的付出，同時還擺出紆尊降貴的樣子。其中散發的訊息是：我比他們還了解什麼才適合他們。

我憑什麼認爲我知道什麼對他們最好？可能狄妮絲眞的需要一段與成人相處的時間，可以一邊打掃一邊跟我聊天。或許同事知道，幫我一個忙可以讓她不陷在自己的問題中。爲何我不讓妹妹享受看到收下她爲我挑的東西而表現的欣喜，就像我喜歡看到她打開我爲她買的東西時滿懷興奮的樣子？因爲無法看穿別人的心思，所以我根本不可能知道他們送禮是出於義務，還是由於付出的快樂。用懷疑的眼光看待他們的付出，不但冒昧而且沒風度。如果站在「我自己」的角度，而非想從他們的角度看事情的話，我會更快樂，而且似乎也比較友善。我應跟自己說「我想不想搭便車去修理廠？」而非告訴自己「即使她會可憐地塞在車陣裡，我也應讓同事載我去修理廠嗎？」

如果有人提議幫忙洗碗，妳應該問自己的問題不是「『她』眞的想幫忙或只是客氣？」而是「『我』寧願自己洗碗，還是跟一個將幫我減輕負擔的朋友一起消磨時間？」答案便昭然若揭。當然，有些時候問題可能是「我寧願今晚有人幫忙洗碗，還是早上我再自己洗，以便現在可以趁機休息一下？」如果我決定稍後再洗，那我會「直說」，而不是說「我相信妳在家一定要洗很多碗，所以我不會讓妳在這裡還要洗更多」。

自以爲是地揣測他人的感覺就是控制，很可能會讓對方升起戒心，因爲沒有人喜歡被人控制，那樣做不會建立親密的友誼。只有當妳讓別人說出自己的感覺並且相信他們時，友情才會成長茁壯。

如果我想要成爲大方的接受者並讓事情好到能忍受的程度，我就必須相信他人。

第一種生活態度
樂於接受

第 5 章
接受讚美
Receiving Compliments

顯得有自信、落落大方，讓妳更美、更迷人

要變得更有魅力，那就在妳接受讚美時落落大方地微笑以對，謝謝讚美妳的人，就算妳覺得名不符實也一樣。如果妳因而焦躁、皺眉或反駁別人的好話，妳看起來會很沒有風度。

留意妳的女性朋友或親戚當中有誰是優秀的接受者，然後想一想在妳看來她們當中哪一位最吸引人、最有自信。找出其中的重疊之處。

每個優秀的接受者都知道的事

我們自問，為什麼我要變得聰明、可愛、有才華、光鮮亮麗？事實上，為什麼不要呢？

——瑪莉安娜．威廉森（Marianne Williamson）

想要有自信和落落大方的女人必須精通的一個技巧就是，接受讚美。聽起來很基本，但妳如果無法接受讚美，妳對於進入妳生命中的美好事物就不可能產生更高的耐受力。妳會在無意間甩開最適合妳的男人，拒絕會讓妳生活更順利的協助，錯失妳在朋友關係中可能擁有的親密。

派蒂的經驗完美地印證了這個觀點。當她首次察覺接受的價值時，她注意到自己有拒絕別人讚美她外貌的傾向。每當有人說「妳很好看」的時候，她只能想到自己所有不完美的地方。當一位世交潔芮跟她說，她穿那件粉紅色洋裝很漂亮、很有夏天的感覺時，派蒂爲之退縮並遮掩自己有一陣子沒修剪的指甲。但潔芮扮了一個鬼臉回她說：「所以妳是在說什麼？說妳其實面目可憎，但我卻沒有注意到嗎？好，看我下次還要不要再稱讚妳！」

潔芮說那些話的時候是用開玩笑的口吻，但她想傳達的訊息卻很清楚。最後，派蒂終於發覺這個習慣已經持續很多年。她一直很沒風度，用拒絕刺傷朋友，甚至謝絕未來的讚美。當下，派蒂決定有自覺地努力改變。她下定決心只以說聲「謝謝」回應別人稱讚她的外表，不管她聽到的時候有多麼不自在。

不久之後，派蒂跟好幾個月沒見面的老朋友珍吃中飯；最近有五次她們計畫碰面，但珍都在最後一分鐘取消。午餐期間，派蒂告訴珍，她覺得自己在她心中一點地位都沒有，珍不願把她們的聚會擺在第一位，讓派蒂覺得自己對她好像一點都不重要。珍的回答是「我很遺憾妳居然會有這種想法，我愛妳也非常重視妳的友情，光想到沒有妳這個知己就讓我難以忍受。」

就在此時，派蒂注意到事有變化。她告訴我：「在我開始練習接受之前，我不可能完全聽進去那些話，我會草草打發它們，因爲聽到的時候很不自在。當別人跟我說這些溫柔話的時候，我會坐立難安。以前我會急著往下談下去，擺脫自己是話題的窘境。但這次我反而注意聽我朋友說話，而且眞的聽到了她的話，了解到她工作上的壓力很大，我們之所以沒辦法碰面是因爲她的工作太忙，而不是她對我的感覺轉淡。傾聽她說話讓我感覺非常好，而且跟她很親近，也讓我掉了一點眼淚。我以一種從前不曾有過的方式，接受了她的愛。」

派蒂只練習了基本的技巧——接受讚美，但她從鍛鍊接受肌肉當中得到的覺知和洞察力，讓她更有能力接受深情厚意，以及與朋友之間的親密。

大方接受讚美讓妳更迷人

我朋友的母親琴爲女兒的告別單身派對做了一頓可口的午餐。一切都很完美，自助餐桌看起來就像美食雜誌上的跨頁圖片，品嘗起來也很美味。當我稱讚她做得很好時，她看起來很高興並熱誠地說了聲「謝謝」。她沒有爲餐點方面的任何問題道歉，或跟我解釋準備過程的種種。她只是在當下享受著我的欣賞和感激。或許她在想，我希望她別注意到燉鮭魚涼了，但我不認爲是這樣。我感覺到那一刻和琴之間有了小小的連結，因爲我知道她已接受我的讚美。我之所以曉得，是因爲她微笑著注視我的眼睛讓「我」感覺很好，因爲我知道我讓「她」感覺很好。那份連結來自於我們兩人共同的喜悅：我的好話讓她覺得受到賞識，而她接受了那些話讓我覺得受到肯定。

稍後有人提到琴也插了花，有幾個人說它們好美。琴放下手邊的事抬頭一看，剛好聽到並接受人們讚美她的插花；她對我們報以自在的微笑，再次說「謝謝」。這一次，我想的是，我朋友的媽媽眞美。

最後，當告別單身派對結束，所有客人都準備離開時，我觀察琴面對每位女士讚美她宴會辦得很成功的樣子。不令人意外的是，琴一一收下讚美，再次綻開一個美麗、放鬆的微笑。聽到讚美時，她看起來快樂又有自信。

當然，琴那天做了很多値得稱讚的事，但重點是她能聽到我們的讚美。不是每個人都做得到。我們越稱讚她，琴看起來就越容光煥發，她的微笑也就越有感染力。

她很享受聽到讚美的喜悅，就像我們很享受她辛勞的成果一樣。由於她的回應，我離開時心裡想著琴是一個溫暖、有自信的人，全都因爲她很能接受讚美！我想要跟琴一樣落落大方，因爲那樣子非常迷人。

我們大部分人因爲教育的關係，都以爲享受讚美是很不迷人的行爲，但事實正好相反。想像一下如果我稱讚她做的菜時，她不是說謝謝，而是說「那沒什麼，我只是照雜誌上面的食譜做而已」，那樣子一點也不迷人。事實上，那種回應好像是故作謙虛，一點魅力都沒有，我很可能會覺得有點厭煩。「琴難道沒有聽到我說的話嗎？」我會這麼懷疑。我甚至可能跟她爭辯說：「沒什麼才怪！做這一餐要花很多準備工夫和心思耶。」

如果琴的表現不如大方接受那般有風度，那麼她給人的印象也不會太好。但事實上，她優雅地回應我們的讚美讓她既有魅力又討人喜歡。

爲了能夠如此落落大方，琴必須願意忍受我們放在她身上的注意力，全心全意而且不帶困窘地接受讚美。她不能掌控我們所說的話或我們說那些話的方式，反之，她必須順其自然才能聽到我們的讚美。

感覺像假貨總比看起來像混蛋好

不要害怕有標新立異的看法，因為現在被接受的每個看法都曾經標新立異過。

——伯特蘭．羅素（Bertrand Russell）

一個六十幾歲的男人有一次跟一個同年齡的女人說她看起來很美，她的回答是：「得了吧，我早就過了二十五歲。」她的回應不僅沒風度，而且還是一種自我批評。那個男人之所以對她很失望，有幾個原因。

「她好像沒什麼自尊，」他告訴我：「她不能享受有魅力帶來的快樂，讓我很難過。更糟的是，她的回應讓我感覺有戒心。她是不是認為我寧可跟一個二十五歲的女人在一起？我才不要。我只是想跟她說她很美，但在她說了那句話之後，她好像不那麼美了。」

當別人所說的話跟妳對自己的認知不同時，我知道相信別人的感覺很奇怪而且不自在。妳感覺毫不設防而且焦慮不安，因爲妳怕妳會被「發現眞相」。如果有人說妳有運動細胞，而妳卻覺得自己笨手笨腳，妳可能很緊張，怕說妳有運動細胞的人發現眞相而當妳是騙子。妳的本能反應是在他揭露妳的眞面目之前招供。

但妳如果拒絕他，妳就是拒絕他的讚美贈禮，讓自己看起來像個混蛋。

在電影〈情人眼裡出西施〉（Shallow Hal）當中，傑克因爲中了一個咒語，使他看到人們的內在美顯現爲外在美；因此當他看著一名重達一百五十公斤但心地善良又有幽默感的女子時，他眼中看到的卻是美麗的葛妮絲．派特洛。當他告訴這名女子她很美麗時，她聽了很難過，雖然她很喜歡和他在一起，但還是叫他成熟一點，然後頓足而去。或許她怕自己中了被人戲弄或某種殘酷玩笑的計，但傑克只是告訴她他看到的眞相——一個漂亮女孩而已。無法接受那件事而難過不已，讓「她」——而不是他——行爲像個混蛋。妳可以辯稱她只不過想要實際一點，但既然在傑克眼裡那是實情，她也可以享受覺得自己很美並被人愛慕的感覺。

伊莎貝爾的情形很雷同。當她胖了十公斤而且都集中在臀部的時候，她很難接受丈夫的讚美。幸好，她丈夫很喜歡她比較豐滿的臀部，而且還編了一首饒舌歌來讚美她的豐臀。但伊莎貝爾唯一能想到的是，我的屁股好肥！而不是接受丈夫的恭維，她罵他是騙子並叫他閉嘴。在她的心目中，她的大屁股不可能對他有吸引力，所以她錯失了感覺被人愛慕並從她丈夫的眼中看到自己的機會。聽到與她對自己的信念相反的話，讓她很不自在。

如果妳堅持跟稱讚妳的人爭辯，那麼妳也一樣錯失良機。相信讚美之所以很重要，原因就在這裡，就算它讓妳覺得自己好像一個假貨也一樣。妳可能還是以爲給妳這種讚美的人只是客氣而已。這可能是實情，但也有可能是因爲妳做的湯「的確」很好喝。

妳認爲妳能忍受這件事嗎？

第一種生活態度
樂於接受

第 6 章

收下能得到的一切協助

Take All the Help You Can Get

要求幫忙時越不設心防，建立的情感連結就越堅固當別人對妳提供幫助時，妳可能會蹦出「他們是否真的想要或能夠提供協助」的念頭。不要理會這個念頭，反之，妳應自問是否想要接受並依此做出回應。有些朋友會在小事情上幫忙，另外一些朋友可能幫的是令人難以接受的大忙。

妳在要求幫忙時越不設心防，妳建立的情感連結就越堅固，幫助妳的人想要得到的尊重和讚美也就越多。

讓他人減輕妳的負擔

在這個世上我們不能獨自完成任何事情……而且不論何事，都是個人生命這一整張花毯與創造某個事物的一針一線交織而成的結果。

——珊卓拉．黛．歐康納（Sandra Day O'Connor）

接受幫助可能很困難。當有人協助我們時，我們經由行動本身承認了我們需要某件事物，不管是搭便車、指導、幫忙看小孩，或只是把一個很重的袋子放到行李架上都一樣。需要幫忙這件事可能會讓我們覺得軟弱，或強迫我們面對自己的不安全感和不完美。但接受幫助也是給妳自己更多空閒時間的最佳方法。

得到幫助可能讓妳覺得自己能力不足，因爲它在妳能否一切靠自己這件事情上打了一個問號。但是因爲沒有人能夠樣樣自己來，所以那是一個合理的問號。更重要的問題是，妳有多樂意讓他人減輕妳的負擔？

一直到四十二歲那年手臂骨折時，克萊兒才了解接受幫助的價值。「陌生人提議幫我把日用品提到車上，但我拒絕，因爲我還有一隻手是好的，我可以自己提，」她告訴我：「當然，那會花上比較久的時間，但我不想要有無助的感覺。然後有一天我想自己把行李箱放到頭頂的行李架上，有個男人提議幫忙。我跟他說我辦得到，而且我也很可能辦得到，但旁邊有個女人說：『妳只有一隻手，讓他幫妳會怎樣！』」那一刻我才發覺自己一隻手打著石膏時，還說『我自己辦得到』的樣子似乎很可笑。只有兩歲小孩才會說那種話，我到底想證明什麼？」

克萊兒告訴自己，她不想感覺無助並讓他人看到她的無助，或更糟的是，她的不足，所以她想要自食其力以便繼續掌控。結果讓她看起來很可笑。

「現在我了解到，我不想接受任何幫助有一部分原因是，我想要感覺自己優於需要幫助的人，但感覺自己很優越是一種很寂寞的狀態。」克萊兒承認：「我現在比較喜歡接受一點幫忙，這樣我才能夠成爲社區的一分子，就算那表示我不比他人優秀也無妨。」

就和拒絕禮物一樣，拒絕幫助也等於剝奪了幫忙的人因爲知道他減輕了妳的負擔而得到的快樂。

沒有一個女人是孤島

在親密人際關係的感覺以及它與我們共同命運的關係當中，藏著一股強大的慰藉和鼓舞力量，有助於克服我們大部分人偶爾都會碰到的「逆境」。

——華特・迪士尼（Walt Disney）

妳需要幫助。或許妳不需要精神分析，但妳確實需要朋友、同事、兒女和偶然出現的陌生人幫助妳。我之所以知道這件事，是因爲當我六歲的外甥不肯穿鞋時，我必須請別人給我如何對付他的建議。此外，我無法獨自一人把床墊翻過來，而且當我壓力過大而無法承受時，唯一能安慰的我就是一席打氣的話。

我其實一直都需要幫助。

我們每個人都一樣。

艾莉發覺這一點格外有道理，是當她正爲剖腹生產需住院三天做準備時。明確地說就是她需要三位老師、幾個鄰居、她的表妹、教會的兩家人，還有她最好的朋友幫忙。而且這還只是爲了照顧她的小孩而已。每個人都很樂意幫忙，但艾莉卻因此覺得丟臉。

「好像我應該要能幹一點，」她說：「求人幫忙好像是告訴每個人，我沒有能力做到爲了維持自己所選擇的生活所應該要做到的事情一樣。」

要求幫忙的確顯示出妳無法一切靠自己。

但誰說妳一定要獨自一人克服生命中所有的不足之處？需要幫助並不會讓妳變得可悲或能力不足，但有時候當我們接受幫助時卻會這樣告訴自己。

艾莉龐大、熱心的支援網絡其實證明了她社區裡的人都很愛她，而不是她很匱乏。如果她是一個需索無度的人，就不可能有那麼多人提議要幫她。她的朋友圈了解那是爲一個暫時需要支援的有責任感的人，而不是爲一個無法承擔自己責任的頭痛人物減輕負擔的機會。我們每個人天生都要與他人互相依存，而動手術時肯定會讓我們覺察到這一點。

那種互相依存的關係有它美好的地方。在電影〈證人〉（Witness）當中，艾米許社區裡超過一百人合力爲一個鄰居蓋了一座老式的穀倉。他們之所以熱心參與，是因爲他們已經接受過幫忙，或將會需要別人幫忙蓋他們自己的穀倉，也因爲服務他人是一件有意義而且有成就感的事。蓋穀倉這一幕相當感人，我們看到了社區照顧個體的力量，也看到了知道自己正在做的事對鄰居很重要的那些人散發出的生命力。

接受他人幫忙蓋穀倉的那個男人在當天結束時並未因爲別人幫他而致歉或感覺自己很可悲。無法自己一個人蓋座穀倉並不可恥，他知道以後也有他能出力的地方，也知道他務農的成功經驗能夠幫助整個社區日益茁壯。

同樣的道理也適用在妳身上：當妳接受幫助時，妳得到某件事物而變得更堅強，進而讓妳能夠成爲一個更好的社區公民。

沒有一個女人是孤島。接受幫助提醒妳以及那些幫助妳的人，你們都是一個群體的一分子，這個群體需要妳，就像妳需要它一樣。

妳必須卸除心防，才能接受情感上的協助

問題是妳生活中的一部分，如果妳不找人分擔，等於是不讓愛妳的人有充分愛妳的機會。

——荻娜．修爾（Dinah Shore）

接受好建議或支持也會讓妳更堅強。妳的朋友和家人、同事和客戶，以及任何經常與妳互動的人都有妳所沒有的觀點，因爲他們不是妳。

他們的意見能幫助妳脫離難以抽身的困境，因爲他們可以穿透樹林看到諺語中提到的森林。因此，一個優秀的接受者會毫無防備地接受幫助和忠告，並接納那些與她的生命有交集的人所蘊含的智慧和知識。

爲了做到這點，她必須卸除心防、坦露自己。而障礙就在這裡。

二十多年前還是個少女時，亞芳把她女兒送給別人收養。現在三十幾歲的她很渴望和孩子聯絡，但她找不到她，因爲紀錄都封存起來不得外漏。她不想要找人協助，因爲她不想把她認爲不體面的過去公諸於世。然後她遇到了派翠西亞，一個在牙醫候診室坐在她旁邊的陌生人，派翠西亞說明她之所以遲到，是因爲她剛跟她二十二年前送人領養的兒子通電話。亞芳知道派翠西亞自己是過來人，所以不會因爲她的處境而批判她，於是她決定把自己的問題告訴這個陌生人，並且請她幫忙。

「我也曾經把一個孩子送給別人領養，」亞芳遲疑地說：「現在我願意付出任何代價，只要能找到她。妳是怎麼辦到的？」亞芳請求這個陌生人協助時眼裡充滿淚水。

亞芳的誠實和坦白是一種沒有說出口的讚美，表達出「我信任妳在我卸下武裝時會溫柔對待我，跟妳在一起讓我覺得很安全」。當妳送給某人這樣一個禮物時，她的本能反應就是變得更溫柔，以便讓妳明白她了解那是一種榮譽。坦白將會以一種看起來所向無敵的方式吸引人們靠近妳；他人將會認同妳的人性並且因爲妳的眞實而感到安心。即使派翠西亞不是過來人，她也會溫柔地回應亞芳，因為當妳對正直的人坦白時，他們的反應就是如此。

派翠西亞也感覺到亞芳的問題中表達的稱許之意。任何希望得到這類建議的要求附帶的內容都是：「我很欽佩妳的作為，希望能夠仿效妳。」有誰在知道某人想要仿效自己時不會覺得受寵若驚？

當亞芳請派翠西亞指點迷津時，亞芳不偏不倚地把自己擺在一個位置上，在其中她不但接受了最終幫助她聯繫到女兒的寶貴資訊，同時也接受了支持、肯定以及和派翠西亞的立即連結。雖然向一個陌生人坦露自己讓亞芳很緊張，但知道自己再也不用獨守祕密也讓她鬆了一口氣，而且讓她特別感激的是拿到一個偵探的電話，那名偵探獨具創意的手法幫助她找出女兒的名字和下落。

並不令人意外的是，亞芳和派翠西亞變成朋友。在亞芳與多年未曾謀面的女兒團聚的過程中，派翠西亞一直支持著她。

拒絕幫助就是拒絕情感連結

獨自一人，完全是獨自一人；
沒有人，但沒有人；
能在世間獨自過活。

——瑪雅·安潔羅（Maya Angelou）

接受他人的支持之所以令人害怕，是因爲要這麼做我們必須坦露自己。我們會洩漏自己的弱點，所以我們的本能叫我們不要這麼做。

譬如，我最好的朋友凱西非常善於坦露自己，她甚至會在需要安慰和支持時，哭著打電話給我。當然我很高興給予支持，因爲在那些時刻我自然而然感覺到榮幸以及我和她之間的連結。但我當時還是習慣擦乾自己的眼淚，所以在我冷靜下來收拾好情緒以前，我從來不曾打電話給她。

有一天凱西爲了我們的關係不平等而當面質問我，她說這種不平衡的情形讓她很不舒服。因爲我從來不讓她有機會安慰我，所以她覺得錯失送我禮物的機會。凱西並不是在計分，而是想要得到一個比我當時提供的還要深入的連結。我發覺如果我們要禮尚往來，那我對她必須更不設防才行。

我不想在任何人面前崩潰，所以寧願做個提供協助的女人，而不想成爲需要協助的女人。換句話說，我不想坦露弱點。然而，如果我維持「事事順遂」的表象，不肯坦然面對凱西，那我將會失去我和她之間的親近，而那種親近只有對等的友誼才能產生。對我們的親密而言不可或缺的情感連結，那時岌岌可危。所以，即便有一部分的我仍抗拒著，我仍下定決心對她完全不設防。

我們那次談話不久之後，我讀到一個書評家對我第一本書的嚴苛評論，傷得我非常重。我知道凱西想要送我一個禮物——讓我在她的肩膀上哭泣，所以我強迫自己打電話給她。一聽到她輕柔、有耐心的聲音，我就開始啜泣，而她只是靜靜地站在電話另一頭安撫我。我整個身體都放鬆下來，因爲我知道自己很安全而且被人愛著，即使我並未說完整句話或者口齒不清。得到她的溫柔對待讓我感覺非常好，我們的友誼也隨之邁向一個新的層次。若沒有一點謙恭——也就是我承認自己需要幫助的話——我不可能收到那樣的禮物。

從擁有妳想要之事物的人身上得到建議

我之所以放棄心理治療，是因為我的分析師想從我背後幫助我。

——理查．路易斯（Richard Lewis）

我朋友芮秋第一次做起司蛋糕時，因爲它太軟了，看起來比較像布丁而不是蛋糕，但她還是拿出來給晚宴上的客人吃。其中一個人問道：「到底是什麼讓起司蛋糕不會鬆垮垮？」芮秋的回答讓每個人都笑了出來：「我怎麼會知道？」

關於製作起司蛋糕，那晚芮秋顯然不是提供專家建議的好人選，她自己也知道這一點（順便一提，她的幽默是取代自我批評的好方法）。因此，如果眞的想知道製作完美起司蛋糕的訣竅，得到別處去找；妳只能從已經做過妳想做之事的人身上得到好建議。

在我主持的「如何吸引並嫁個適合妳的男人」進修課程中，我鼓勵女人找尋一位已婚的精神導師，這位導師擁有的婚姻是她們希望自己有一天也能夠擁有的那種婚姻。我建議她們在約會生活有問題時打電話給這位精神導師，而避免請求感情並不美滿的單身女性友人給予忠告。

進修班上的一位單身女性不認同這個想法。「我的朋友打電話問我對約會的事有何建議，我認爲我的建議非常好。」她爭辯說。或許在如何創造和維持親密關係上，她「的確」給她朋友很好的建議，然而比較可能的情況下，她建議朋友做的正是讓她至今依然小姑獨處的事。對於約會，她唯一知道的只是她曾經親身體驗過的事情而已。在如何引來一段美好感情這件事情上，一個單身女性並不知道該給妳什麼建議，就像一個每月薪水花光光的「月光族」並不知道該給妳什麼退休理財的建議一樣。

一個看起來總是打扮得體的朋友可以給妳穿著方面的有用訣竅，但妳不會去找某個家裡盆栽奄奄一息的人指點妳園藝技巧。妳在大公司任職的朋友不能在如何創業上給妳建議，而妳身材走樣的朋友也無法幫妳練出緊翹的雙臀。雖然她們可能在廣告上看過，但並沒有親身體驗過它。

一個優秀的接受者雖然會很快請對方給予建議，但她也會小心詢問專家，也就是在那個領域有實際經驗而知道怎麼做的人。在選擇心理治療師的時候，這個標準尤其重要，然而我經常聽到女人付錢給某個有離婚紀錄的人，希望對方指點感情關係的迷津，或是每週去給一個體重過重的傢伙催眠減肥。我可以了解那種事怎麼會發生。當妳很痛苦時，有人告訴妳他有辦法能夠停止痛苦，就算證據顯示那並非實情，妳也會很想相信他。然而，希望某人給妳建議而付錢給他，但他卻不知道如何解決妳的問題，這種情況可能讓問題更加惡化。因此，應該精挑細選妳聽取建議的對象。不管妳是否付錢給他，都要問那個可能成為妳精神導師的人一些特定的問題，以確定他是否擁有妳想要的東西。而且別忘了，行動透露的眞相確實勝過千言萬語。

不要太快拒絕妳自己想不到的建議

「互助」是我們姊妹間的信念之一。

——露意莎・梅・奧爾科特（Louisa May Alcott）

如果妳在想要改善的那一方面找到一個專家，而且妳告訴她妳很讚賞她的成就，那妳等於是給她一個很大的恭維。就算妳不知道，但這麼做卻讓妳和那個人建立了連結。當妳要求對方傳授專業知識給妳時，人們會感到受寵若驚，而且妳如果眞的照他們的建議行事，那等於是給對方更高的讚賞。

當然，在妳依照該建議行事之前，妳必須先確定它是否合適。一個優秀的接受者會停留在當下，不會升起戒心，而是仔細考慮她尊敬和欣賞的人所說的話。如果妳找到的專家所建議的事對妳來說似乎令人不快或怪異，那麼上述情況可能會是一種挑戰。妳的直覺反應可能是不予理會，但一個優秀的接受者卻願意至少嘗試一下不同的做法。

多年以前，我問一個女人她維持長久、快樂婚姻的祕訣是什麼，她告訴我不管她丈夫有多欠罵，她都盡量不批評他，當時我的本能反應正如前文。我當時的婚姻很不快樂，但我認爲她的建議既可笑又老套。對我來說，壓抑自己不去批評我丈夫就是不誠實。我也偷偷地相信，除非我告訴他錯在哪裡，否則他永遠不會改進。

我禮貌地傾聽那個婚姻讓我很羨慕的女人，但我決定不聽從她的建議。雖然她願意與我分享她的最佳祕訣，但我就是不願意接受它們。

當然，那表示我仍然因婚姻不幸福感到挫折和痛苦。悲慘狀況並未減輕，最終我不得不重新思考她的建議。她播下了一顆種子，而我最後終於判定我持續不斷批評丈夫的行爲，可能就是傷害婚姻中親密感的元凶。

我決定把它當做實驗，試著控制自己不對他說出任何帶有批評意味的話。那時我才發現我無法停止批評他，至少一開始沒辦法。我對他吹毛求疵和抱怨的習慣太根深柢固了，因此我無法立刻改掉它。

或許我不喜歡那個建議的眞正原因是，我不想被迫改變。

隨著時間過去，我最後終於戒掉壞習慣，完全遵照那個睿智的女人給我的建議。結果妳知道嗎？她說的沒錯：我的婚姻狀況彷彿奇蹟一般改善了。

妳的自我可能會告訴妳不要接受自己絕對想不到的建議，但值得再度強調的是：一個優秀的接受者會願意至少嘗試一下不同的做法。如果妳不喜歡後來的結果，大部分的決定都可以輕易更改的。如果控制自己不去批評丈夫並未讓我的婚姻比較幸福，那我隨時都可以再開始批評他。

願意忍受不熟悉所帶來的不自在，乃是培養自己對更好的事物具有耐受力的一部分條件。

第一種生活態度
樂於接受

第 7 章
用接受
助長愛情
Foster Romance with Receiving

女人想要被關懷和款待，男人想要供應和保護當妳接受一個男人給的東西時，妳等於給了他感覺有男子氣概和有目標的這份贈禮。接受妳生命中的愛情主角給的東西，將會大大增進關係中的親密和滿足，不接受則會造成挫折、緊張和摩擦。

妳有資格得到特殊待遇和保護，因為妳是女人。要了解大方接受這個簡單的動作是一個重要的助力。只要做個優秀的接受者，妳就能鼓舞一個男人邁向卓越。

性也是一種禮物，所以妳的愛人想帶給妳多少歡愉都應該任由他。仰面躺著，讓他探索妳身體的每一寸。別忘了，拒絕與愛人做愛，等於暗示妳拒絕這段關係。

讓他取悅妳

我想你就是我需要的，因為我需要取悅別人。

——汽車合唱團（The Cars）

既然所謂的女性特質有一大部分是善於接受，而且男人基本上會被吸引的就是女性特質，所以成爲優秀的接受者會讓妳對男人更有吸引力。男女天生相吸有一部分情形就是如此，女人享受被關懷和款待，男人則有互補的供應和保護欲望。男人的一部分天性是想要供應和取悅女人。

當艾芙琳正在安排一趟旅行時，她發現了這一點。平常她會自己從機場搭大衆運輸工具回家，但這趟旅程卻讓她不得不在天黑後搭地鐵。當她對丈夫大聲抱怨此事時，他說：「到了週末，我會把車開到機場留給妳用，然後我自己搭火車回家。」艾芙琳很想說：「你不需要在週末花時間爲我做這件事。」但反之她決定接受而改口說：「你很照顧我，我很感激你這麼做。」她丈夫很驚訝地說：「這是我最起碼應該做的事，妳已經照顧我十五年，而我對妳的感謝不管是說或做都不夠。」他的話讓艾芙琳很感動也很高興，兩個人咧嘴笑著對望了好一會兒。

我想像這番對話以及後續的連結，就像艾芙琳的丈夫傳送給妻子的一股電流，而她以這樣的態度收下它，讓他們兩人都容光煥發。艾芙琳因爲感覺受到照顧而神采飛揚，他丈夫因爲成爲照顧她的人而精神奕奕。給予者和接受者都春風滿面，因爲雙方都有所得。

讓男人有成就感的因素

當我在寫《順服的妻子》（*The Surrendered Wife*）時，我問了數百個男人，妻子或女友的快樂對他們來說有多重要。他們的回答完全一致：「那是一切」、「絕對必要」、「『非常』重要」，甚至還有人說：「如果她不快樂，人生有何意義？」

我很震驚。我以爲他們會說他們喜歡讓他們生命中的女人快樂，卻沒有預料會聽到——取悅他們的女友和妻子是他們生命中最重要的事情之一。

他們的堅定信念和熱情持續讓我驚訝。

我的調查結果告訴我，不管哪個年齡層和文化背景的男人都極度以取悅女人自豪，而且當她快樂時，他們覺得有目標和成就感。我也發現對很多男人來說，另一種情形，也就是只提供東西給自己，似乎既孤單又空虛。他們比較喜歡照顧和保護女人，因爲這讓他們覺得有男子氣概。

鮑伯和卡洛的情況就是個好例子。鮑伯每天在車陣中開將近四小時的車上下班，爲的是能夠住在他們負擔得起而且卡洛晚上看得到星星的鄉下房子。鮑伯似乎不介意，他只希望卡洛快樂。

艾德對珍的感覺也是如此。當她想要看到新一集的〈星際大戰〉（Star Wars）首映時，他會爲了買票而在清晨起床去排隊一整天，原因就在這裡。當然，珍很感動，而那正是艾德需要的獎賞。

當賈德搬到離他家三千兩百公里遠，但離邦妮位於加州高沙漠區的家很近的地方時，他也很高興爲她犧牲。他這麼做得到了什麼？邦妮的感謝，對他來說這就夠了。

在成長的過程中，我不知道我能夠利用善於接受的女性特質，給這個世界一些極爲珍貴的貢獻。反之，我的鮮明印象卻是，唯有完成某些事，尤其是專業上、職場上的事情，我才有價值。我被灌輸由於在我之前的女性辛苦奮鬥，我這一代的女人才不必依賴任何人。其中的訊息很清楚：妳能夠而且應該自給自足。從小我就很重視盡自己本分的能力。但我太過強調獨立了。我並未從知道我能夠自己靠自己而得到內在力量，反而散發出沾沾自喜、渾身是刺的訊息：「我不需要任何人的幫忙。」難怪我以前很寂寞。

我以前相信的跟我從我訪問的男人當中學到的完全相反：他們想要在智識上和情感上與女人並駕齊驅，但他們也渴望有機會爲她們「付出」。

拒絕他的付出會抹煞他的男子氣概

想要他更像個男人嗎？妳不妨先讓自己更像個女人！

——寇提（Cory）香水廣告詞

我很難說服一些女人相信，男人眞的想要取悅自己的妻子和女友。很多女人告訴我，她們的丈夫或男友從來不曾做過任何事情來取悅她們，或說他們的男人是例外。有個女人說她丈夫買給她的聖誕禮物，是他自己的車子要用的汽車零件。然而，這些女人已經做了太久的差勁接受者，因此她們的男人根本不知道如何取悅她們。這些女人沒有發覺她們一再的拒絕，幾乎已經毀掉伴侶想要取悅她們的努力。

比方說，黛博拉批評她丈夫送的生日禮物，因爲它們從來不是她會看中的東西。她經常拿去換她比較喜歡的東西，時間一久，他丈夫也厭倦了老是買不到她喜歡的東西，因此放棄努力。然後黛博拉抱怨他甚至不買生日禮物給她，到頭來還因此覺得受傷害。

起初，黛博拉看不到她的問題是自己造成的。一旦她得知大方接受的這門學問，以及對男人來說，感覺自己成功地讓妻子快樂很重要，她爲過去的行爲感到很後悔。幸好，那很容易改正。她一開始先向她丈夫道歉並眞心誠意地告訴他，她希望當初把他帶著愛意挑選給她的東西留下來。她丈夫似乎鬆了一口氣，而且之後不久就帶了從雜貨店買的鮮花回家。雖然她自己不會挑中那些花，但它們很漂亮而她也這麼跟他說。沒多久，他又恢復買生日禮物，以及非特殊場合買禮物送她的習慣。黛博拉大大方方全部接受，而且這一次她也全部留下。

對於取悅妻子的能力，黛博拉的丈夫可能更有成就感，這件事對他來說（就像大部分男人一樣）非常重要。關係中的親密和溫暖戲劇性地大增，因爲這個簡單的改變，黛博拉和她丈夫都更有被愛的感覺。

考慮把妳討厭的禮物留下來

內心有一份善意，那份善意與愛有關。外在行為當中最純粹的善意便出自於此。

——歌德

當然，留下並享用別人爲妳挑選的物件使妳完全沒有主控權。他可能買錯顏色或尺寸，他可能選了一個與妳風格不合的小東西。然而，如果妳生命中的愛情主角——那個很了解妳和深愛妳的人——買了某樣東西，因爲他認爲它能取悅妳，那妳不妨考慮留下它。

千萬別忘了，他被妳吸引的，就是妳樂於接受的那一部分，也就是妳的女性特質。少了那部分，妳很難被取悅，並讓他覺得有失男子氣概，因爲他無法盡到他最重要的責任。那樣做很容易讓他感到氣餒，從此不想再設法取悅妳。

當我提出這個建議時，溫蒂笑了，因爲那讓她想到多年前她拒絕收下前夫給的一個禮物。「瑞下班回家時滿懷興奮送我一個禮物，那是他在我們婚後不久從一份郵購目錄上買來的，」她告訴我：「那是一個假皮錢包，上面用好大的金色字母印上我名字的縮寫WAD。它是全世界最醜的東西，而且側面還印著WAD。我從來沒有用過它，而且我記得我那時的反應讓他非常難過。」

我們笑了一下，然後我說：「就算妳每天使用那個錢包，或許妳也不會漸漸喜歡上它。」但溫蒂搖搖頭。「我眞的希望我用了那個錢包。它對他來說很重要，但對我來說卻沒什麼大不了。如果我眞的用了，或許我就不會跟我女兒的爹離婚了。」她說。

那可能有一點極端，但小事確實會對關係造成重大影響。或許，用了假皮錢包眞的能讓溫蒂的婚姻更幸福也說不定。

妳不欠他任何回報

每件豐功偉業的開端都有一個女人。

——阿爾芳斯・拉馬丁（Alphonse Marie Louis De Lamartine）

假設一個男人提議款待妳一個所費不貲的夜晚，但妳擔心他付不起。因爲顧慮到他，所以妳可能很想拒絕這個提議，幫他省錢。妳可能跟自己說妳這樣做是體貼和敏感，但其實妳是在控制和扮演母親的角色。妳在暗示妳不相信他能夠照顧自己，所以妳只好代爲照顧他。

如果別人對妳這樣，妳難道不會討厭嗎？沒有什麼比它更具有高姿態施恩的意味，那樣子既不吸引人也讓人倒胃口。

別忘了，想要帶妳出去的男人提供給妳的並不是一頓牛排和美酒以及美妙的音樂，而是要求妳給他一個與妳建立連結的機會。晚餐和電影只是趁機更了解妳、逗妳笑和找尋共同點的媒介。拒絕他的邀請，等於是拒絕與他建立連結的機會。

如果一個男人想要款待妳，妳的責任並不是打開他的銀行帳簿，決定他付不付得起。妳的任務是從妳自己的觀點考慮此事。妳想要出去用餐以及看表演嗎？如果妳想去，那就去，而且一定要說「謝謝」。當妳讓他爲妳花錢時，妳並沒有拿走他的任何東西，而是給了他「接受這份禮物，並容許你們兩人有培養親密的可能性」。

如果妳擔心他的提議會花太多錢，那麼眞正的問題可能是妳覺得無以回報。但沒有人說妳會欠他任何東西。所以在妳焦慮不已之前，設法當下接受一份禮物吧。

性是禮物

當你看到一個男人伸手抓天上的星星時，你可以打賭他一定是為了某個漂亮寶貝才這麼做。

——法蘭克．羅瑟（Frank Loesser）

結婚十六年之後，荷莉很驚訝她丈夫突然把探索她身體的每一分毫，以及研究如何能帶給她至高的歡愉當做他的人生使命。

過度細查和坦露弱點讓荷莉很不自在，她希望丈夫能把焦點放在他自己而不是她的歡愉上。最後，她終於告訴他，當他把那麼多精力和注意力放在她身上時，她覺得非常難爲情，因此無法樂在其中。

他的回答是：「跟我在一起妳不用覺得難爲情！我是妳丈夫，我只是想要讓妳覺得很好而已，所以妳放輕鬆讓我來就可以了。」

此時，即使荷莉並不完全自在，但仍不得不在性方面練習接受。「以前，我讓自己擺脫眞的很美好的事物，所以那並不是很享受，」她告訴我：「現在，我只是設法練習放鬆並告訴他我喜歡什麼。那有什麼可怕的？但基於某個原因，它讓我沒有安全感。一切全憑我的歡愉而定，對我來說實在有點難以招架。」

就和各種形式的接受一樣，當妳在接受一個男人的性刺激時，妳必須能夠承受身爲注意力焦點的尷尬和樂趣。

向那種不自在的感覺投降，會讓妳錯失良機。更糟的是，拒絕妳的愛人在性方面的親近，每次都會減低彼此的親密程度。容許他給妳他想要給妳的一切歡愉，有助於培養妳更能接納享受的能力。妳覺得自己能不能忍受那種情況呢？

很好！因爲妳能承受多少，事情眞的就會變得多好。

拒絕性愛等於拒絕彼此的關係

性和食一樣重要，我們應該一視同仁，不要過度節制或故作謙虛，讓兩者都能得到滿足。

——薩德侯爵（Marquis De Sade）

當咪咪告訴丈夫，她因爲太忙了而無法跟他一起出去度週末，她不明白他爲什麼好像很不高興。她以爲只要跟他的哥兒們去打高爾夫球，他就很滿足了。當時是那一年夏天最後幾個天氣宜人的週末之一。當我們正在討論此事時，我突然想到，出去度個週末可能包含很多做愛的時間。或許她丈夫把她反對的理由，比方說家事太多做不完，聽成「我不想要跟你獨處」或「我不想跟你做愛」。那些話很傷人，雖然她沒有這麼說，但她丈夫或許感覺到那種暗示引發的刺痛，如此一來不難了解他爲何那麼不高興了。

因爲性是男人給妳歡愉的一個機會，拒絕妳的愛人就是拒絕一份禮物，而且還不只是如此而已。就親密而言，拒絕跟丈夫做愛是殺傷力最大的行爲之一，因爲妳在某方面等於拒絕彼此的關係。不管原因爲何，像是妳很累、妳沒心情、妳太忙等等，結果都一樣。妳不肯和妳所愛的男人建立肉體和精神上的連結。

當妳聽到自己說累得無法做愛時，應該探討是否有更深一層的原因。它可能、而且通常是妳在生他的氣或埋怨他，因此借題發揮、故意不從。如果情況是這樣的話，那妳就找到了需要處理的問題。把解決那個問題擺在第一位，妳才能開始再度接受熱情和歡愉。然後妳才能避免讓兩人之間的裂痕越來越深，而那個裂痕可能是他之所以覺得心灰意冷的原因。

唯一讓你們的愛情有別於其他關係的是肉體上的親密。除掉這一項的話，妳只是扮演室友的角色。

不過，如果妳找到勇氣接受他在床上的努力，你們兩人都會享受到不可思議的連結和天雷地火般的歡愉。

第一種生活態度

樂於接受

第 8 章

拒絕不適合妳的禮物

Reject What Doesn't Fir for You

留下空間，讓更適合妳的美好事物進駐

有時候拒絕禮物、讚美或協助很重要。如果接受某個事物將造成妳在情感上或身體上的痛苦，或者會讓妳陷入無法令人滿足並妨礙妳擁有更好事物的處境，那妳應該說：「不，謝謝。」如果妳的直覺告訴妳，接受某人給的東西不安全，那就聽自己的話，拒絕提供給妳的東西。要不然就大方接受。

雖然拒絕別人提供的東西往往會傷害對方，但妳仍然可以透過微笑、接受那份善意，以及坦承那份禮物為何不適合妳，而與對方維持親密的連結。

知道何時該說不

開口說「不」比開口說「是」更有力。

——湯姆．漢克斯（Tom Hanks）

當然，並非所有提供給妳的禮物都適合妳。某個朋友可能會給妳一套妳很討厭的二手餐廳家具，或邀請妳參加一個妳知道會有很多愛吵鬧的人猛喝酒，而讓妳覺得很不舒服的派對。有時候妳必須拒絕某個禮物，但妳仍然可以保持妳的風度。

等一下，妳之前不是說我應該大方接受禮物、協助和別人提供給我的一切嗎？

我的確說過那番話，但我在這裡要提出一個重要的例外情形。如果接受禮物將會「造成妳的困擾」，那就應該說「不，謝謝」。

譬如，接受一套妳不想要的餐廳家具會對妳造成傷害，因爲很難搬動它，但妳收下之後想擺脫它卻非搬不可，那會阻礙妳而不是讓妳的生活更好過。如果某人希望妳參加一個其他人都會拚命喝酒而讓妳感覺有壓力也喝了很多的派對，妳去參加時不可能沒有任何情感上的困擾。在上述任何一種情況下，拒絕才是恰當的回應。

另一方面，如果有人給妳一條絲巾但妳卻很討厭絲巾，那麼不妨大方接受並設法對送絲巾的人說些好話，像是「顏色好漂亮」或「妳眞是周到」，當然還有「謝謝」。在那種情況下，妳倒是可以接受那份體貼，因爲妳能夠輕易找到一個會很喜歡那條絲巾的人而將它轉送出去。

明白其中的差別了嗎？

接受絲巾對妳沒有幫助，但也不會對妳造成傷害，而且接受那份體貼之意會讓雙方都感覺很好。

只要接受一份禮物不會浪費妳的時間和精力或讓妳傷腦筋，那就收下吧，把它當成是一種助長親密以及繼續練習大方接受的方式，尤其在送禮的人是妳的密友或摯愛時更應如此。

妳可能會爭辯說，不需要對親近的人那麼彬彬有禮。妳也可能辯稱，如果妳告訴先生，妳生日時寧可收到一幅畫而不是一條項鍊，他會體諒的，以及妳的女性朋友對妳太了解了，如果妳問她禮物在哪裡買的，以便能夠換掉它，她也不會介意的。

沒錯，我們所愛的人通常是我們生命中最能寬恕和體諒的人，但他們也值得妳以對待一般熟人的應對方式和親善態度加以對待。當妳設法為那條妳根本不想要的絲巾說些好話時，妳可能會覺得不誠實，但其實妳這樣做是成熟和有禮貌，而且圓融。

親善有禮地對待妳最親近的人之所以重要，是因為它有助於維持培養親密所需的安全感。

不管妳多了解某人，拒絕就是拒絕，永遠都會刺傷對方。當然，妳的愛人和朋友會知道妳不是在拒絕他們本人，但是，沒有任何一樣東西比一份禮物所帶來的感謝和愛慕、感覺自己在正確的時機送對了禮物，或給對了建議更美好。

妳當初很討厭的禮物後來可能變成妳很喜歡的東西。妳生命中的人擴展了妳的視野，促使妳接觸到新的事物。當一個與妳關係親密的人，例如情人或老友，給了妳一份禮物，妳剛開始可以考慮「留下」那些妳不太喜歡的物件。如果他們認為他們買的絲巾顏色很適合妳，不要太快把它丟進二手店的袋子裡。

一位優秀的接受者會以開放的態度，面對她本人不會挑中的某樣東西可能出乎意料地讓她生活更美好的可能性。

利用「苦惱與否」來決定接不接受

信任你的直覺意味著，盡可能深入地與你感覺到的能量協調一致，一刻又一刻地追隨那股能量，相信它會領著你到你想去的地方，並且帶給你你渴望的一切。

——夏克蒂．葛文（Shakti Gawain）

「妳是一個差勁的接受者」與「拒絕將會對妳造成苦惱的事物」這兩者之間重大的差別在於，妳是「有意識地決定」拒絕收下禮物，而不是出於罪惡感或謙虛的反射式拒絕反應。比方說，凱特的朋友莎拉想要幫忙凱特籌備在另一個城市舉行的婚禮。「我可以租輛車，」莎拉提議：「這樣我就能幫妳跑腿啦。」凱特知道莎拉沒什麼錢，所以她說：「謝謝妳的好意，但眞的，我不希望妳花錢租車。」然而，莎拉既已提出，凱特非但錯失接受的機會，反而基於她認爲朋友無法負擔的罪惡感做出反應。那並不是拒絕某個不適合的事物，而是差勁的接受方式。

接下來，莎拉說：「萬一有事的話，我可以借用妳的車，幫妳跑腿啊。」

這一次，凱特依據不同的情感做出反應：擔心車子的安全。她知道莎拉開車不專心，老是發生擦撞。當她說：「非常感謝妳的提議，莎拉。目前爲止，我覺得我們還能應付。」凱特基於接受莎拉的善意幫忙可能會對自己造成傷害的感覺，而拒絕了莎拉的提議。那不是差勁的接受方式，而是拒絕令人苦惱的事物。

拒絕會讓妳極度不安的事物

拒絕將會在心理上對妳造成傷害的事物，與拒絕將在身體上對妳造成傷害的事物一樣重要。接受了史蒂芬妮的邀請而在下班後跟她去散步之後，多娜學到了這一課。多娜很期待去散步，因爲她知道在春光明媚的一天伸展四肢和呼吸新鮮空氣，感覺一定很好。然而，當史蒂芬妮一路上不停抱怨她母親、老闆和前夫時，多娜覺得自己好像史蒂芬妮的牢騷垃圾桶。回到家之後，多娜感覺筋疲力盡，完全沒有精神大振和充滿腦內啡的感覺，她本來希望和史蒂芬妮去散步會有這種效果。

下一次史蒂芬妮打電話來提議一起去散步時，多娜禮貌地婉拒。她知道聽到那一堆負面的東西會讓她在心理上疲累不堪，抵銷了一趟長時間的散步通常會帶給她的振奮作用。

好事會降臨在開口說「不，謝謝」的人身上

世界會讓路給任何一個知道自己要去哪裡的人。

——大衛．史達．喬丹（David Starr Jordan）

拒絕禮物的另一個正當理由是，接受它會讓妳陷入令人不滿的情況。

我朋友理查是個有多年經驗的房地產經紀人，但他發現自己的性情並不適合，因而開始懼怕這份工作。最後有一天，雖然他不知道接下來要做什麼，但他終於決定永遠退出房地產業。他帶著幾分驚惶向朋友和家人宣布這個決定。

幾天後，他意外遇到一位老客戶，對方說要推薦理查給她一個想賣房子

的鄰居。理查親切地笑著回答：「非常感謝妳爲我著想，妳願意推薦我讓我受寵若驚。遺憾的是，我沒辦法幫妳鄰居賣房子，因爲我已經退出房地產業了。不過，我有個很傑出的同事，我會請他打電話給妳的鄰居。」

理查無法接受他客戶提供的禮物——介紹一樁他不想要的業務，因爲這麼做會讓他重操舊業，拖延他追求新目標的時間。他「確實」接受了她的善意，從創造一個愉快的對話和連結的角度來看，那是一件好事。他甚至趁機把生意轉介給一個同事，結果那位同事給了他一筆介紹人的費用。

那之後不久，理查收到了請他去主持一個小型非營利機構的提議，他不但接受了，而且發現那比賣房地產更令人滿足。要是之前他接受了客戶的介紹，便會陷入令人不滿的工作之中脫身不得。「當初我很想接下案子，因爲它就在我面前，但拒絕不適合的工作似乎爲適合我的工作留下空間。」理查告訴我。

理查發現了「這不是我要的」這句話的力量。如果我們充滿了令人不滿的事物，好東西就沒有進來的空間。就像妳吃了一個上午的垃圾食物，根本沒有胃口享用現場烹調的美好午餐一樣。拒絕將會讓妳陷入困境的事物之所以很重要，原因就在這裡。

與泰德談一場遠距離戀愛時，譚美學到這一點。她原本希望他們最後能夠住近一點，但卻沒有跡象顯示兩人會有未來。雖然泰德幾乎每天打電話，但卻很少計畫去看她。遺憾的是，譚美知道這段戀情不會有未來，所以她決定分手。在恐懼失去譚美的情況下，泰德很快提議帶她去滑雪。譚美知道滑雪之旅是個令人愉快的分心之事，會轉移她對眞正問題的注意力：她正在一段沒有未來的關係當中，長期的結果絕對不會是共結連理。譚美想要的是有機會走入婚姻的感情關係。她再也不想要增進她與泰德之間的親密，或創造兩人之間的愉快連結，因爲泰德是一個不想結婚的男人，所以她的回應是簡單說了句「很抱歉，我不能去」。

對她的快樂和幸福而言，拒絕與泰德出遊再恰當不過了。譚美拒絕泰德提議去滑雪那一天，就是她從失去那段令人不滿的關係當中開始復原的那一天。開口拒絕幫助她在生命中爲一個會珍惜她，並想要與她一起消磨時光的男人創造空間。拒絕泰德讓她能夠在幾個月之後開始與馬可交往，馬可非常愛慕和珍惜譚美，迫不及待想與她共度一生。

大自然厭惡眞空，所以會設法塡滿它。換句話說，爲合適的人或物留下空間，乃是吸引它們的一個非常有用的方法。一個優秀的接受者會藉由拒絕不合適的舊東西，不斷清理她生命中的空間，讓適合的事物進來。

傾聽妳的第六感

感覺「不安全」是拒絕協助或讚美的重要原因之一。即使妳僅有的是揮之不去的模糊恐懼，也不要讓自己冒險接受妳不信任的人提供的幫助或禮物。留意妳的直覺，也就是警告妳要小心的那一部分的妳。不想要傷害別人的感情並不是讓妳身處險境的好理由。

在《求生之書》（*The Gift of Fear*）當中，作者蓋文·德貝克（Gavin de Becker）談到令人苦惱、不安的感覺一定有事實根據。譬如，一個在妳已經說「不，謝謝」卻仍堅持搭載妳的男人，即使表面上看起來他好像只是想表現紳士風度，還是可能觸動妳內在的警報。妳的內在直覺可能在告訴妳，這個男人完全不能接受拒絕，那表示和他在一起一定不安全。

德貝克說，每一樁罪行都有警告，而且妳可以信任「不知爲何就是曉得」的直覺，而避免成爲受害者。德貝克寫到在一樁罪行發生之前，「有可以觀察，甚至可以預測的一個過程，就像水即將沸騰一樣。」如果一個男人想要給妳某個東西或帶妳去某個地方，而且妳感覺到了等同於小氣泡形成和蒸氣開始上升的狀況，那就應該嚴正拒絕那個提議。信任那種直覺。

比方說妳有興趣跟他約會的一個男人，邀請妳到一家新開的新潮夜店和他碰面，妳想去但懷疑深夜一個人去那裡可能太危險，妳要不就是表達自己的擔心並要求他來接妳去，不然就是完全拒絕那個提議以保護自己的安全。

讓妳的直覺告訴妳何時該走開，並沒有什麼不對。如果妳的內在這麼跟妳說，那妳就滿懷信心照做。

第二種生活態度
珍愛自己

第 9 章
不要自我批評

Speak Tenderly to Yourself

不自我批評是吸引好東西上門的關鍵

絶對不要苛責自己。疾言厲色不但會讓我們產生防衛，也會留下創傷，而且我們想要保護自己免遭批評的自然本能，將會升高我們的戒心。

戒心高築時，妳不可能接受任何東西。因此，妳給好友什麼樣的善意和體貼，也要給自己同樣的善意和體貼。當妳很想批評或痛罵自己時，轉而想想妳會對一個自己所愛而且不想傷害的人說些什麼。盡可能像妳對待所愛之人那樣溫柔地對待自己。

把對自己溫言婉語當成在任何情況下都要堅守的原則。當妳樂於接納時，便會坦然又輕鬆。

不要以貶低自己來試探別人會不會糾正妳這種方式博取讚美。如果妳想了解別人對妳或妳的工作有何評價，就直接問他們。

優秀的接受者不會貶低自己

愛自己是一場終生戀情的開始。

——奧斯卡·王爾德（Oscar Wilde）

我以前會在他人面前貶低自己，以此做爲保護自己的一種方式。我以爲搶在別人有機會說之前公布自己的缺點，或指出自己的不足之處，就不會被別人的批評所傷。

然而，因爲我不必要地批評了自己，所以並未保護自己免於被「我自己」所傷。聽到那些嚴厲的話從自己的嘴裡冒出來，就像被人鞭打一樣。沒有人會像我打自己那樣，下手這麼重。

可悲的是，我過分強調我根本還沒犯的錯。

比方說，有一次我煮湯給幾個朋友喝。觀察他們是否喜歡之後，我對其中一位說：「我知道啦，你費了好大力氣才能下嚥。」屈服在害怕湯不好喝的恐懼之下，我不但一點都不大方，還讓我們兩人陷入尷尬的處境中。他失去了讚美與否的「選擇」，反倒爲了鞏固我的信心而「被迫」爲我的湯美言幾句。當他說「不，不，很好喝」的時候，我指控他出於禮貌而說謊。

那個可憐的男人不管怎麼說都脫不了身。我確定那天晚上跟我在一起不太好玩。我想要謙虛，卻害我的朋友很尷尬，而且還無禮地說他是騙子。我沒有和自己的朋友建立愉快的連結，反而製造了不必要的衝突。

首先貶低自己就很糟糕了，但接下來又跟想對妳說兩句好話的人爭辯，讓一個已經滿難看的場面更是雪上加霜。如果妳很想知道某人喜不喜歡妳的湯，公平的做法是清楚明白地問對方說：「你喜不喜歡這個湯？」如果那個人說：「很好喝。」那麼妳的任務就是，相信他們，並且說聲「謝謝」。

不要貶低自己

我對這個世界相對而言無足輕重，另一方面，我對我自己卻是舉足輕重。我唯一必須一起工作、一起玩樂、一起受苦和一起享受的人就是我自己。我謹慎以對的不是他人的眼光，而是我自己的眼光。

——諾艾爾．科沃德（Noel Coward）

幾年前我爸答應幫我們家鋪新的壁腳板。當我們一起進行這個工作時，從隔壁房間聽到他在咒罵自己讓我嚇了一大跳。他會說「他媽的，彼得！你看你做事多草率！」這類的話。

我向他保證壁腳板看起來很不錯，因爲它們的確是不錯，但他還是繼續責罵自己。不管我說什麼似乎都起不了作用，讓人爲之氣結，因爲我感覺自己的意見好像沒有價值。看到我爸似乎毫無根據地那麼沮喪，也讓我很不舒服，我心中認爲那是無事自擾。然而，他還是繼續怪罪自己。甚至在所有壁腳板都鋪好之後，他仍舊不停地批評自己的成果。他在房裡走來走去，摸摸接合點的不完美之處，嘀咕說：「你應該把這些地方弄平才對。」我繼續跟他說，我認爲它們看起來很漂亮，而且我很感謝他幫我安裝，但他似乎一點都不能了解我很感激他的幫忙。甚至在我跟他道謝時，他還退縮了一下，彷彿聽到我很感激並且認爲他做得很好，讓他很痛苦似的。

那種嚴厲的聲音我很熟悉，我自己的腦袋裡就有一個。聽到我父親對自己大吼大叫，讓我更加覺察到自己有相同的傾向。我也注意到我對自己說的話，嚴厲程度遠勝於我跟別人說的話。比方說，如果我的一個排球隊友想把球傳給接應球員卻沒成功，我不會說「妳今天晚上打得很爛，妳到底是怎麼搞的？」但我卻會跟自己說那種話。對別人我可能會說「別擔心，妳下次就會傳成功。」

現在，我的規定是不對自己說任何我不會對朋友說的話，就算默不出聲也一樣。聽起來很簡單，但那個規定的涵義遠大於我最初的理解。譬如，因爲我絕對不會跟一位女性朋友說「我好討厭妳的皮膚！」所以我也不會對自己這麼說。我不會跟她說她的房子亂七八糟、她工作不夠賣力或她不該吃那麼多，所以我再也不會對自己說那種批評的話。如果妳無法想像對妳最好的朋友說她搞砸了，那就不要跟自己說那種話。

拯救自己免於被嚴厲的話語所傷，便能保護自己的自尊和信心。簡單說，妳是在承諾自己，妳將會感覺神清氣爽，不會讓自己陷入沮喪。

一個優秀的接受者相信自己配得上美好的事物，但妳要是對自己疾言厲色的話，就不會有這樣的感覺。反之，妳會有怕被攻擊的焦慮感，自然而然就會產生防衛心。當妳摩拳擦掌時，妳無法接受任何東西。如果妳有貶低自己的習慣，那妳會本能地拒絕他人想對妳說的好話。因此，要成爲優秀的接受者，重要的是只用溫柔的態度跟自己說話，如此一來妳才能冷靜、專注和開放地面對各種可能性。

古老的波斯諺語說，帳棚外有上百個敵人好過於帳棚內有一個敵人。當妳批評自己時，妳「就是」帳棚內的敵人。妳永遠都戒愼恐懼，因爲沒有一個地方安全。當妳有戒心時，妳就無法接受，因爲妳忙著保護自己。當某人就在妳腦袋裡對妳大吼刻薄話的時候，妳怎麼會有坦然接納的能力呢？

在妳學會對自己溫言婉語之前，妳能接受的事物不會多。

有時自我批評實在太熟悉了，妳甚至忘了它的存在

當然，並非所有的自我批評都那麼顯而易見，有時候我根本不知道自己正在嚴厲批判自己。那是因爲我的腦袋裡自然存在著批判，自然到我毫無所悉的地步。

過去，當別人提議派對後幫我清理房子時，我會拒絕，因爲我認爲我的廚房沒有整理好。我不希望任何人看到我在一些櫥櫃上有新的擱板襯紙，但另外一些櫥櫃卻鋪著又老又醜的擱板襯紙，以及我的一些香料跟起司磨碎器、量匙和多餘的電池擺在一起。我怕有人會對我說：「嘿，妳爲什麼不把廚房安排整齊一點？妳怎麼這麼懶？」

當然，我的朋友沒有一個會說那種話，我是唯一一個會吹毛求疵到對自己說那種話的人。這些自我批評都存在我腦袋深處，以至於我甚至毫無所覺。

有天晚上，在一個朋友提議幫忙清理而我拒絕她之後，我思考了我之所以拒絕的原因，才發覺我是害怕廚房雜亂的祕密外洩。

我當時並不知道我在批評自己，而且在腦袋裡聽到那種話，剝奪了我和他人之間的親密，因爲它阻撓我接受。每當有人來作客時，我也會獨自做很多額外的工作，因爲我堅持事必躬親。

但我當時並不知道情形是那樣，我只知道自己怕別人進我的廚房。一直到我檢視自己在那方面之所以不願接受的「原因」時，我才注意到我腦袋裡的難聽話。

這樣看來，妳的不願接受可能是一條線索，顯示妳或許正無端地虐待自己。如果妳抓住那條線索，追問自己爲何拒絕其實妳想要的東西，妳很可能會發現背後隱藏的自我批評。比方說，當某人說妳是個好媽媽時，如果妳內心感到侷促不安，那可能是因爲妳告訴自己妳爲孩子的付出還不夠。直到妳看到自己爲了接受讚美而內心交戰之後，才會發覺那是妳對自己的一個嚴厲批評。

接受（或不接受）就是用這種方式幫助妳，找出妳對自己說了什麼批評的話，而且妳一旦認清之後，妳就會看到妳有資格接受的一個領域。

批評絕非真相

盡全力做你自己是一門學問，一門逐漸發展你的人格、變成你想要成為的人的學問。善待自己、學會愛自己、原諒自己，因為只有當我們用正確的態度對待自己時，我們才能用正確的態度對待他人。

——威爾弗瑞．彼德森（Wilfred Peterson）

當我鼓勵她們放下自我批評時，有些女人之所以反駁，是因爲她們認爲那樣做在某方面是在保護自己。「如果我不告訴自己眞相，」她們爭辯：「那誰會跟我說？」

但批評「並不是」在告訴自己眞相，而是批判。或許妳眞的胖了，但這跟說自己是一隻肥豬是兩回事。明白其中的差別嗎？眞相只是事實，但批評卻附帶對事實的殘酷批判。

妳可以誠實而不自我批評，但妳不能自我批評而不產生防衛心，而且妳無法同時又有戒心又能接納。

比方說我的廚房眞的慘不忍睹，有人提議幫我洗碗。我有兩個選擇：我可以拒絕，因爲我相信我的廚房反映出我的懶惰，我也可以說：「我很高興有人幫忙，但是讓妳看到我把咖啡、擦碗巾和小酒杯放在烤箱裡，我會很不好意思。」

此時我說的是眞相，但我沒有嚴厲批評自己。提議幫忙的那位朋友可以在有人被傷害之前退出廚房，或者她也可以說：「我不介意，我們把那些小酒杯洗一洗，再放回烤箱裡。」此時，發現了我就算不是個很會整理的人，我朋友還是愛我，我有一種溫暖的親密感覺，而且我不再爲擱板襯紙感到慚愧，隔天早上又有個乾淨廚房可用，全都因爲我拒絕批評自己。

在這種情況下的另一個選擇是，大聲對朋友說：「我不能讓妳靠近我的廚房，因爲妳會發現我很邋遢，以後妳永遠不會想在這裡吃飯。」以此自我批評一番。我不但在批評自己，而且那樣做讓人倒胃口，此外也害朋友落入必須安慰我的尷尬處境。

我想那樣做唯一的好處是，至少我聽到自己大聲自我批評，而能直接面對它。那樣子比起它潛伏在我的靈魂裡，而我卻一無所知來得好。公開說出那些嚴厲的話，讓我比較有機會將它們逐出我的腦袋。一旦聽到它們，我就能評估它們的眞假，排除批判部分，就像分開穀物和粗糠一樣。

就算妳以前不知道它們的存在，但清除腦中的批判將會讓妳感覺更安全。那是因爲當我們害怕可能遭受批判——即使是來自我們內心的批判時——任何人都無法眞正放鬆。

當我自己的自我批判讓我覺得恐懼時，我的對應方法之一是設法掌控身邊的每個人。

譬如，我會在晚餐時匆忙起身爲客人拿他們需要的東西，以免他們進廚房。那樣一來，我以爲別人就不會注意到我在哪些方面批判自己。當然，那時候在我家用餐就不怎麼讓人放鬆了，因爲我一直專注在不讓別人進廚房，而不是專心聽人交談。

一直到我捨棄批判，我才找到放鬆的勇氣，不再想要改變話題或影響他人的注意力。我覺得很有安全感；站在這種放鬆的立場上，我能夠接受別人幫我整理廚房，並讓對話自然進行，即使其中包含對我的恭維也一樣。

當妳停止批評自己時，就會放鬆享受身邊的一切。妳越不去控制，就越能坦然接受妳想要的一切。就像我要是停止爲廚房譴責自己，就能享受愉快交談帶來的慰藉和歡笑一樣，當妳停止播放腦中的負面言論時，妳也會發現生命中缺少的某樣東西。當妳知道妳不會在內心批評自己時，就會更放鬆。妳會更自在地邀請別人來看看妳如何過生活，而且不必過分認眞看待自己。

培養過好日子的耐受力有很大一部分是戒掉嚴詞譴責自己的老習慣。妳越快停下來，防衛心就越快卸下，這是吸引禮物、讚美和協助的關鍵。

如果妳無法對自己說好話，那就把會說的人找出來

如果妳充滿自我批判，就會覺得自己配不上溫柔的對待或禮物。當妳覺得自己配不上時，就無法接受降臨在妳身上的一切好事，因此妳會在不知不覺中拒絕它們。

妳對自己說了什麼刻薄話？如果妳爲工作沒做好、花太多錢或有時很難相處而痛罵自己，那就設法找出事情的眞相。

批評「妳是工作不力的職員」的背後眞相，可能是妳不像其他同事那樣常加班；「妳花太多錢」背後的眞相，可能是因爲妳用信用卡撐過經濟困難時期而負債；「妳很難相處」背後的眞相，可能是妳身上的責任已超過神經

系統的負荷，所以妳總是過度勞累，無法照自己的期望給親友更多時間。

要求一個妳信賴的朋友幫妳找出事實、剔除批判。一旦知道眞相，就能客觀看待它，而不會因自責而畏縮。感覺像個工作不力的職員會讓妳更有防衛心，而不是面對妳一週只工作四十小時、但公司其他人選擇工作更長時間的事實。妳可能看出妳的生活比同公司的工作狂來得均衡，現在妳可能放輕鬆了，因爲妳不再遭受批判。

或者，假定妳批判自己不是個好媽媽的背後眞相是妳有全職工作，因此每當跟孩子在一起時都很累。那並不會讓妳變成壞人，但可能顯示出妳想要改變的一個領域。在〈認清眞實的欲望〉那一章（本書第13章），我會進一步討論這件事，但現在先練習從妳的自我批判中找出眞相。

以開放的態度面對禮物，並對自己溫言婉語，妳將會開始感覺妳配得上好東西。

第二種生活態度

珍愛自己

第 10 章

按兵不動，並認清妳不是上帝

Be Still and Know That You're Not God

不要插手他人自己能做的事

按兵不動，盡量讓別人自己做自己的事。考慮少給他們一點，並為他們少做一點。

為每天的待辦事項列一張清單，以免腦海中一直縈繞著這些事。寫下之後，檢查看看清單上有沒有妳能交派他人去做，或至少請人幫忙的事項。把能夠幫妳完成某個特定計畫的人列在清單上。

一旦把所有可以委託他人的事全部交辦完畢時，就再檢查一次清單，自問有無今天非做不可的事。如果沒有，就把它延到明天，或至少不要把它列為優先處理的事項。

一旦做到這點，妳就不會是個忙碌的女超人了。

長期繁忙症狀的療法

除了把事情做完的高超技巧外，也有不把事情做完的高超技巧。
人生的智慧就蘊藏在排除無關緊要之事當中。

——林語堂

活動可能會讓人上癮。

忙完一件事緊接著又忙另一件事可能讓妳興致高昂，而在清單上的完成事項打勾則讓妳有種成就感。當我讓別人幫我時，我有時候會爲了沒有親力親爲而覺得緊張，因爲我冒了自己可能無事可做的風險。那表示我得不到知道自己一天內做了一堆事的那種飄飄然的感覺。

但一直忙不停並不會讓妳變成更好的母親、妻子或朋友，也不會讓妳更快樂或更可愛。它甚至不會讓妳更有生產力。

它只是讓妳很忙而已。

忙碌本身並不是問題，但是妳如果「一直」忙不停，那可能因爲妳選擇的不是親密而是效率。那意味著妳拒絕妳自稱妳想要的事物，也就是更多的幫忙和支持，以及因爲接受幫忙而自然產生的親近。

丹妮兒的情形就是這樣。她已經成年的女兒有天晚上去探望她時，問她晚餐後有沒有什麼是她可以幫忙清理的。丹妮兒說：「沒有，都做完了。」所以她女兒就到一旁去看書。然後丹妮兒拿起掃帚，獨自一人把偌大一間廚房的每一寸都掃過一遍。她覺得自己掃得比任何人都好、都快。在拒絕幫忙的同時，她接納了自己的控制欲。而且在某種輕微的程度上，她也拒絕了她的女兒。丹妮兒自己清掃的行爲等於暗示她女兒，她覺得她女兒幫不上忙。結果她們沒有一起打掃，或許還可以一邊聊一邊想著她們隔天可能共度的好時光，反而兵分兩路，在家裡各做各的事。

親密的機會因此錯過。

妳應不應該插手？

世界上最困難的事情是，知道怎麼做一件事卻眼睜睜看別人做錯而不予置評。

——懷特（T. H. White）

如果妳認同丹妮兒，那妳可能必須非常辛苦工作才能生存，或者妳是在嚴格的工作倫理要求下長大，也可能是妳無事可做時會有罪惡感。妳可能認爲沒有人能做得跟妳一樣好，這可能是實情；在那種情況下，妳需要自問完美有多麼重要。也許是妳的責任太重了，因此妳覺得自己不能休息片刻。或許妳和我以前一樣，相信要不是生活那麼吃力的話，空閒時間就會比較多。我記得我以前想的是，只要我沒有那麼多事情得做，就能夠放輕鬆一點。

事實上，我得「先」放輕鬆，才會了解到我必須做的事比我想的少。

有時候我們會把別人的工作搶過來做，而放棄放鬆的機會。艾莉絲告訴我她決定請一個家庭清潔女工，但在那位女士來之前，她的房子如果不乾淨，她就會很不好意思。她解釋說，她非常討厭被那位女士看到她家一團亂，所以她在幫手抵達前會自己先徹底清掃一遍，好像有客人要來似的。既然艾莉絲到頭來都自己打掃，所以她決定不再付錢請那位女工。艾莉絲不讓清潔工減輕她的責任，反而在那位女士來之前把她的工作全做完，而讓整個過程的壓力更大。

說到不善於接受幫忙，她才是第一名！

這個可笑的故事最糟的地方在於，艾莉絲說她家附近有幾個女人也是如此。當然，她們當中沒有一個人的責任因此減輕，因為她們不讓請來的幫手好好做事。真是浪費！

妳可能很想下海幫妳的同事寫報告，因爲妳知道妳可以做得更快、更好。有時候很難分辨妳和別人的責任界線在哪裡，或幫他人分擔責任重不重要。

當妳不太確定時，妳可以自問下列問題，以便確定妳是否應該插手。

【狀況1】

Q：如果我不幫這個人，我害怕會發生什麼事情？

A：我怕我同事會把工作做得很糟。

Q：我的恐懼實際嗎？

A：對。我同事正在辦離婚，其中問題很多，我知道她現在不專心，因此我會說我的恐懼很實際。

Q：如果我不幫這個人或是自己做這份報告，可能會發生的最糟狀況是什麼？

A：我們可能無法開發新客戶，讓公司獲利降低導致要裁員，我的飯碗可能不保。

Q：這件事情值得我花時間和精力嗎？

A：我不想丟了飯碗，所以沒錯，花時間讓這份報告更理想是值得的。

或者想一想以下重點略爲不同的相同情境：

【狀況2】

Q：如果我不幫這個人，我害怕會發生什麼事情？

A：我怕我同事會把工作做得很糟。

Q：我的恐懼實際嗎？

A：可能不是。她花的時間可能比我多一點，但話說回來，那只是一份季報而已，並不是那麼重要。

Q：如果我不幫這個人或是自己做這份報告，可能會發生的最糟狀況是什麼？

A：報告可能不太有組織吧。別人可能不會像我期望的那樣了解它的意思。

Q：這件事情值得我花時間和精力嗎？

A：不盡然。我可以把力氣省下來去做別的事。

在第一個例子當中，因爲結果眞的會影響到對妳很重要的事，也就是妳的工作，所以妳會花時間、精力和注意力在報告上是有道理的。然而，在後面的例子當中，妳可以感覺到自己很想把某事接過來做，但是妳決定不必把時間投資在這上面，因爲並沒有什麼重要的事情岌岌可危。

一旦能做出那樣的區分時，妳就會朝著能夠放鬆和享受更自在生活的道路前進。

事必躬親的危險之處

對於家事，我有個理論：如果某個東西不會繁殖、變臭、著火或堵住冰箱的門，那就隨它去。沒有人在乎，妳幹嘛在乎呢？

——爾瑪·龐貝克（Erma Bombeck）

如果妳一直都很忙，那可能是妳的責任很多。很多女人都是如此。然而，如果妳忙著幫別人做事，那可能是妳花了很多自己的精力在付出。付出是好事，但接受更好，尤其在妳爲所有妳必須做的事累得疲憊不堪、無法承受時。

如果妳是個爲小孩做很多事的母親，那妳讀到這裡可能會想：我不爲小孩做事不行啊，因爲他們沒辦法自己做。

年幼的小孩需要協助的確是事實，但隨著他們日漸長大，他們有能力自己做自己的事。我認識一個會自己鋪床還會自己準備午餐便當的六歲男孩。我也認識一個有了駕照之後就幫全家採買日用品的少女。所以如果妳在家裡的責任很多，不妨看看四周有誰能夠多幫一點忙，而且要引以爲豪。把下列句子當成妳的座右銘：不要爲他人做他們能自己做的事。顯然，一個六歲男孩不能自己開車上學，所以妳還是必須送他去，但他可以自己準備花生醬加果醬的三明治。

如果妳不確定別人能自己做什麼事，最好的方法就是給他一個挑戰，看看他會不會隨機應變。叫孩子自己準備帶去學校的午餐，看看他會怎麼做。請一個同事率先處理一個案子，然後讓對方在必要時能夠找妳幫忙。讓青春期的孩子準備一份菜單，爲全家煮一頓晚餐（但要有訂披薩的心理準備）。

身爲母親，讓妳的孩子使用銳利的菜刀、用熱油煮菜或甚至第一次使用吸塵器，可能很嚇人。然而，如果妳不幫助妳的孩子擴展和增進能力，那妳就會創造一種所有工作妳都得一肩挑的依賴性。讓妳的孩子做她能做的事，不但能卸下妳的重擔，同時也幫助她學會自給自足。因爲成人只是長大的小孩，所以同樣的法則也適用在妳生命中的成人身上。

值得再次強調的是：如果他們能自己做，那就讓他們自己做。

妳不是消防隊

工作是世界上最棒的東西，所以我們應該總是留一點到明天再做。

——唐·賀洛德（Don Herold）

當妳丈夫或兒子在一個重要會議的前一分鐘才要妳幫他燙襯衫時，妳就算什麼都不做也沒問題。事實上，拒絕去做妳後來會很憤慨的事是很好的練習。即使妳知道自己在匆忙時也能把襯衫燙得很挺，但比起因爲它害妳上瑜伽課遲到，或甚至只是讓妳必須開快一點以便趕上瑜伽課而覺得惱怒，拒絕還是比較好。

妳可能擔心別人的學校或工作比妳的瑜伽課更重要，因爲那只是一個休閒活動而已，但在妳走上那條路之前，別忘了妳要是精疲力竭的話，對任何人、甚至妳自己都沒有好處。妳肯定不會有自在接受的心境。

有一個方法可以幫助妳做出何時自願幫忙以及何時婉拒的睿智決定，那就是回答對方「讓我想想看，然後再答覆你」。我非常喜歡這句話，因爲它讓我擁有不可多得的時間，思考很多我不確定如何繼續下去的情況該怎麼回應。當我徹底思考過之後，我總是會做出比較適當的回應。要小心那些沒有時間思考怎樣做對妳最好就得插手幫忙的情況。緊急事件在當時似乎非常刺激、急迫，但有時候它們只不過是某人害妳陷入不必要的情感騷動的爛計畫而已。再加上我的經驗是，回應那種緊急事件只會招來更多緊急事件。如果我丈夫知道我會在最後一刻變出一件乾淨襯衫來，解決他的燃眉之急，那他可能會不自覺地期望我一次又一次這麼做。

拒絕這樣的要求妳可能會有罪惡感，但我朋友琳卻奉以下的法則爲人生圭臬：「我寧願有罪惡感也不要憤恨難平」。當她必須從去做某件會讓她憤恨難平的事情以及「不去做」這件事會有罪惡感，這兩者之間二選一時，她選擇了罪惡感。「我發現當妳必須拒絕時，人們其實很能體諒，所以不舒服的感覺很快會消失。但是，如果我做了某件我後來會抱怨連連的事，那種感覺可能會持續好幾天而傷害了彼此的關係。」

在我的經驗中，罪惡感從來不像積壓的憤懣持續那麼久。

別再奔忙

快速匆忙的生活問題在於，你是急驚風似地衝到人生盡頭。

——約翰．簡森（John Jensen）

有時候妳會遇到一個聽起來很好但可能太花時間的提議。我曾經拒絕一個朋友的午餐邀約，因爲我覺得在餐廳和她碰面會耗費太多下午的時間。我也曾經在廚房揮手拒絕幫忙，因爲我認爲如果我自己切洋蔥，就可以更快讓晚餐上桌。

但是，當我拒絕這類的提議時，通常是因爲我不願意破除四處奔忙的習慣，而不全然是因爲我撥不出時間。

如果午餐時間我慢慢吃一頓壽司，而不要忙著去做清單上的每件事，情形會是怎樣？餐桌上的社交將會使我平靜、專心下來，而發覺到我的時間其實比我想的多。如果因爲別人切菜速度沒有我快，而使晚餐延誤了五分鐘才上桌，我就大爲沮喪，那我可能迫切需要在那五分鐘內放鬆自己。

多年前我曾有過那樣的處境。當時我和先生一起準備晚餐，他一邊切菜一邊講故事給我聽。我一個字都沒有聽進去，因爲我正在等菜切好，要把它們跟雞一起放進去煮。每次他爲了強調一個重點而停下切菜的動作時，我就會把注意力放在他搞亂晚餐時間這件事情上。

我想要說：「請你趕快把那些切完，這樣我才能專心聽你講故事。」但我既不想打斷他而讓他知道我根本沒在聽，也不想批評他的速度。我太專注在我們眼前的任務上，以至於錯過了與他一起歡笑和互動、讓故事帶我遠離苦惱和不耐煩心情的機會。我們一起做事時我沒有樂在其中，反而把這件事變成苦工。我們那天晚上又沒有要去哪裡，所以我到底在擔心什麼？

當天稍早前，我匆匆忙忙想把工作做完；到了晚餐時間，我還有一種殘留的急迫感。我不知道如何換檔。專注在一定時間內完成任務上，而不是單純地接受幫忙，讓我錯失了像是晚餐的香味以及身邊有個男人一面切菜一面講故事給我聽，這一類近在眼前的賞心樂事。

當孩子們在廚房幫忙時，瑪麗亞都會覺得不耐煩，但她說她想要快快了事的動機是出自於疲憊。

「我只想趕快把工作做完，這樣我才能休息，」她解釋說：「但在某個階段，我如果不對孩子們耐心一點，讓他們自己煮東西，那我將來的下場是到了他們十八歲，我還得幫他們煎蛋，那對誰都沒有好處。」

就算接受幫忙比較費時，但不接受幫忙可能是個讓妳事必躬親的陷阱。

有時候少其實是多

絕對不要把「動作」和「行動」混為一談。

——海明威

女兒高中畢業典禮那一天，珍寧帶著一張似乎不可能樣樣完成的清單出門。她不是擬定一個把每件她需要做的事做完的策略，反之她和女兒只帶著船到橋頭自然直的信心就出發了。

她們漫無目的地在鎮上閒逛，在一家紅茶店停下來喝芒果冰茶。離開那裡之後，她們順便去美髮院，雖然沒有預約，但其中一位美髮師可以立刻幫她女兒服務。接下來，這對母女決定去百貨公司逛逛。她們在那裡找到父親節的卡片和禮物、謝師禮、一條裙子、完美的胸罩以及她們隔天辦畢業派對要用的裝飾品。這麼輕鬆的做法居然能讓她們在中午前就辦完所有事情，還有時間悠閒地吃午餐，珍寧覺得很不可思議。

「我想妳必須放輕鬆才會發現那種意外的收穫，」珍寧告訴我：「如果我事先計畫好，然後匆匆忙忙東奔西跑，事情就不會這麼順利。」

雖然珍寧並未特別接受任何人幫忙，但她帶著不用累死自己也會找到每樣東西的信心面對那一天。她們接受了平靜和一段共度的愉快時光，而不是怕事情做不完而覺得有壓力和焦慮不安。換句話說，她相信放鬆的處理態度會讓清單上的每樣東西手到擒來。結果的確如此。

專注在想把清單上的一切打勾註銷，不但會讓妳的待辦事務更難以完成，還會讓妳很淒慘。妳把自己變成清單的奴隸，結果落得更難把事情辦好的境地。在我的經驗中，意外收穫偏愛與之爲伴的是樂於接受的女人，而不是一心一意非完成手邊工作不可的女人。

「遊手好閒」並非壞事

從浪費時間當中可以學到很多東西。

——尼爾．楊（Neil Young）

我以前一直都很忙碌，那讓我感覺好像做了很多事。當我注意到忙碌的情形永遠不會停，總是有更多事要做的時候，問題就來了。回顧過去，我認爲忙碌與我想要感覺自己好像是在爲生活打拚有很大的關係。而且不只是我，很多人從小就被灌輸老式的工作倫理，抱著閒置的雙手是惡魔的樂園這種觀念。那是我們文化包袱的一部分。

我害怕手邊沒事做就表示我很懶惰，我也擔心別人會那樣看我，尤其是我的房子需要整理、車子需要上臘或花園需要鋤草時。每個人都看得到那些東西，我以爲他們會很想知道我爲什麼不去做。我想，不做那些事的唯一正當理由是，我急忙去做別的事，像加班或外出辦事之類的。那表示我根本沒有時間閒下來，如此一來，也幫助我免除了自己不配過好日子的感覺。

變成有自覺的接受者，其結果是我休息和玩樂的時間比較多，工作時間比較少。我絕對不像以前那麼忙了，我有很多休息時間。我現在知道如何「按兵不動」了。出乎我意料的是，我的生產力和創造力和以前一樣，甚至更多，但壓力和疲憊遠比以前少。

我發覺忙碌沒有比較好，只是比較忙而已。我開始珍惜「遊手好閒」；它讓我有時間思考什麼才重要，如此一來我才有可能做出創造美好人生的選擇。

第二種生活態度

珍愛自己

第 11 章

先斟滿自己的杯子

Fill Your Own Cup First

承受生命中的樂趣，全身散發平靜、快樂的感覺每天花時間和精力讓自己快樂。一天至少做三件取悅自己的事，比方說小睡一下、與朋友一起吃午餐、打坐、散步或玩填字遊戲。這樣做不只會讓妳感覺備受照顧，也會讓妳感覺比較踏實，進而讓妳在遇到困難時比較容易保持平靜。

他人會被妳的平靜吸引，而且很可能會給妳禮物、協助和讚美，因為他們發覺妳不會需索無度而搾乾他們，也不會拒絕他們的盛情。

樂於接受的人不會需求不滿

除了人類以外，所有動物都知道活著的第一要務是享受生命。

——無名氏

當妳不挪出時間享受自己的樂趣時，妳便有杯子見底的風險，到最後妳會有「需求不滿」的匱乏感。匱乏感一定會阻撓妳接受他人的給予，而他人將會認出那是無底洞的特徵並且敬而遠之。妳無法控制丈夫、男友、老闆、兒女或員工的行爲，但妳可以好好照顧自己，藉此控制妳自己的儲備精力。如果妳已經很滿足，而不是一直空空如也、即將榨乾別人的一切，別人會更願意幫助妳。

除非妳先確保自己每天都有足夠的休息、玩樂、滋養、樂趣、社交、擁抱、獨處時間和情愛，藉此滿足自己，否則妳將會開始覺得需求不滿。

需求不滿與樂於接受不同，事實上，它們是兩回事。

當妳樂於接受時，妳已經是個斟滿的杯子。那表示妳並不急需任何東西，因爲妳的基本需求已經得到滿足。妳讓自己睡足八小時、花時間社交、閱讀振奮人心的書刊、精神上有重心、活動四肢促進血液循環。當然，生命並不完美，但妳很滿足。

然後某人來邀請妳去看電影（妳接受了），或晚宴後讓妳把吃剩的西班牙番茄冷湯帶回家（妳很高興地收下），或稱讚妳的新髮型很好看（妳說『謝謝』），而讓妳更快樂。

當妳樂於接受時，妳很高興得到他們提供的好東西，但妳並不是像受困沙漠而脫水時需要水那樣「需要」它們。

另一方面，當妳有匱乏感的時候，那是因爲妳最基本的需求之一並未得到滿足，這些需求包括食物、睡眠、愛、樂趣、獨處時間在內。當那種情況發生時，妳的觀點很容易失去平衡，覺得別人能夠或應該讓妳感覺好過一點。匱乏感會讓妳誤以爲只要別人照妳的意思做，妳的困境就會解除。

有個好例子是，妳因爲寂寞而認爲只要妳在咖啡店看到的那個男人邀妳出去跟他約會，妳就會覺得好過一點。另一個例子是，妳累過頭了而覺得只要家人自己把東西收拾乾淨，妳就能多點休息時間。如果妳有一陣子沒有開心玩過，那妳可能會判斷是老闆給妳太多工作，並希望他能放鬆一點，不要逼得那麼緊。

但眞相是，那些問題沒有一個能由外在解決。寂寞的唯一解藥是打電話或跟已經愛妳的人見面，就算他們當中沒有一個是眞命天子也一樣；過度勞累的唯一解藥是休息；工作太多的唯一解藥則是暫時不要工作。結果妳猜怎麼著？只有妳能夠讓那些事情成眞。匱乏感的眞相就是如此，解決之道永遠來自於內在。

當然有時候妳的確「需要」幫助，像是請人載妳去醫院看病，或借妳幾把椅子以備感恩節宴客之需。那些事情只是人之常情，不會讓妳變成需求不滿。它們不是只有妳能解決的問題，而且如果妳不是站在需求不滿的立場處理它們，那麼它們就只是「一次解決」的簡單事件，朋友們在能力所及的範圍內會很樂意幫妳忙。

在珍妮佛的朋友喬琪雅總是抱怨自己的健康問題時，珍妮佛認清了這個差別。不管珍妮佛有何建議，喬琪雅都說沒有用，然後繼續抱怨她有多痛苦。珍妮佛發覺自己開始找藉口拒絕喬琪雅的邀約，因爲她已經厭煩周而復始的抱怨。但是當她的朋友芭芭拉因感冒病倒時，珍妮佛卻趕緊帶著雞湯和藥房買的藥登門探望。

「我很想在芭芭拉生病時爲她做點貼心事，就算她可能不像喬琪雅那麼難受，」珍妮佛說：「但我覺得我可以讓她快樂起來，但對於喬琪雅，我覺得我不管做什麼都無法讓她好過一點。探望芭芭拉的感覺輕鬆自在，事後甚至讓我覺得很快樂。但對於喬琪雅，我連想要跟她講話的動力都沒有，更不要說帶雞湯去看她了。」

如果喬琪雅能夠好好照顧自己，她可能不會那麼迫切地想要別人聽她抱怨，如此一來珍妮佛也會比較想要幫忙。借用富蘭克林的箴言：「友」助自助者也。

只有我能解決我的問題

當我感覺需求不滿時（我們每個人偶爾都會），我通常希望我的丈夫、朋友、父母、兄弟姊妹、同事或眼前的任何人解決我的問題，但如果找錯對象，到頭來只是讓自己失望而已。一旦我專注在照顧自己上，因而鎮定下來之後，我自然會吸引更多我在需求不滿時急切想要得到的東西：自發的情意、讚美、注意力。

樂於接受與需求不滿之間的差異在於，接受是輕鬆的。如果妳得到某樣東西，妳認爲那很棒，妳爲某人施惠於妳感到驚喜。如果妳沒有得到任何東西，妳也過得很好，妳本來就已經覺得很快樂。

需求不滿的感覺很悲慘，因爲妳不快樂而且通常自憐自艾。需求不滿來自於妳讓自己陷入以下狀況：

- 過度飢餓
- 過度疲倦
- 壓力太大

● 工作過度
● 太過寂寞
● 過於受挫

置身上述任何一個情況都會讓人觀點失衡。當妳感覺到需求不滿時，那是因爲妳的某樣東西已經用盡，而且沒有實質的禮物、體貼的稱讚、眞心的道歉或援手能夠平息它，因爲它不是妳自身以外的任何事物造成的。相反的，需求不滿是妳不留心自身需求的結果。

需求不滿的另一個特徵是，小事也會讓妳大發雷霆。妳的兒子把牛奶放在流理台上，妳沒有想到他只是忘記放回冰箱，反而懷疑他爲什麼這樣對待妳。妳的朋友沒有人打電話和妳商量週末的事，妳沒有想到她們只是在忙別的事，反而覺得被人遺棄和忽略。妳的室友、男友或丈夫又忘了把垃圾拿出去，妳沒有不掛在心上，反而大發脾氣。爲什麼？因爲妳的庫存已經用罄，妳的杯子已經空了。

如何失去朋友和激怒別人

當需求不滿的匱乏感出現時，妳臉上帶著喪氣或不爽的神情怒斥他人並失望地嘆息，無意間向每個與妳接觸的人宣告它的到來。匱乏感登場的一個確實徵兆是，只要妳身邊的某個人能夠改變，妳就會快樂的這種妄想；另一個徵兆是，妳又在抱怨了；第三個徵兆則是妳的問題「現在」就得處理的迫切感。

事實上，需求不滿是一個惡性循環的開始，因爲它使妳與周遭的人、幻想只要他們照妳的意思去做就可能讓妳好過一點的那些人疏遠，而形成這種惡性循環。相反的，人們對絕望卻自然會產生退縮的反應。當妳需求不滿時，妳身邊的人注意到此事並且發覺不管他們爲妳做什麼，妳都不會滿足。所以他們不會想再爲妳做任何事，因爲他們感覺任何努力都起不了作用。

打破這種惡性循環的方法是，避免最後會導致匱乏的耗竭。換句話說就是，妳必須練習好好照顧自己。

當莉雅的朋友蘇珊娜打電話來說「我現在眞的需要找人談談」的時候，她很慶幸當時她沒辦法講電話。那是因爲莉雅懷疑蘇珊娜打電話來，是又要抱怨她丈夫多麼忽視她了。從蘇珊娜的語調和迫切感聽來，莉雅知道這番對話會跟前幾次同樣主題的對話一樣令人難受又疲累。先前莉雅試過給她朋友建議和安慰，但好像什麼都改變不了現況或終止她的抱怨。

蘇珊娜以前曾經說過：「好像只有在我有其他計畫時，他才對我有興趣。」莉雅想像蘇珊娜的丈夫喬許可能跟她一樣，巴不得躲開一個顯然需求不滿的人。

下一次莉亞和蘇珊娜講話時，她溫和地告訴她這個朋友：「我知道妳現在的婚姻關係讓妳很痛苦，但老實說妳對喬許的抱怨我再也聽不下去了，因爲它讓我覺得很累。我看不到情況有任何改善，所以我寧願聊別的事。我很抱歉，但那個話題我就是聽不下去了。」

蘇珊娜覺得受傷害又生氣，一開始她的反應是「更加」覺得不滿。「我沒有其他人可以談我的問題，」她告訴莉雅：「我以爲妳是我的朋友。」

但幾天後，蘇珊娜打電話給莉雅，語調完全改觀。

「我覺得，妳告訴我妳再也不想聽我的牢騷，其實是幫了我一個大忙，」她開始說：「起初我很氣妳，覺得妳不肯伸出援手。但後來我注意到喬許對我也有同樣的反應，但比較不是那麼直接。我想他之所以避開我，是因爲我很不快樂。所以我花心思過了一個眞的很棒的週末，去海邊騎腳踏車、自己去看了幾場電影、讀了一本戴夫．貝瑞（Dave Barry，美國幽默專欄作家）的書。我一邊讀那本書一邊咯咯笑，那時喬許走到我身後，雙手抱著我。我的第一個直覺反應是想要說：『你總算注意到我了！』可是我沒說出口。相反的，我們一起談笑、一起享受那個夜晚。」

這一次，莉雅很樂意傾聽，不只因爲蘇珊娜解決了自己的問題，也因爲她聽起來不再是那麼急迫、絕望、悲慘。

顯然蘇珊娜的需求不滿逼走了她的丈夫和朋友，但幸虧她找到了一個脫離匱乏陷阱的方法。蘇珊娜以及我們其他人的解脫關鍵就是，留意並照料自己的需求，唯有如此她才能接受丈夫的情意和朋友的支持。

當妳耗竭時，想要保持平衡幾乎是不可能的任務。最近我在搭飛機橫越美國的前一天太晚上床睡覺，隔天班機延後起飛，害我錯過銜接的班機，因此那一天變得更加漫長，對此我眞的很不高興。我希望航空公司解決我的問題，但他們能做的很有限。即使他們「能夠」爲我多做點什麼，我敢說我那種需求不滿的態度，只會讓他們想要擺脫我，而不是幫我忙。

更大的問題是，我因爲睡眠不足而無法平靜，但唯一能給我睡眠的人只有我自己。我想要改善我的態度，所以告訴自己我只是累過頭了，但那樣做的效果很有限。一直到好好休息一整晚之後，我才拾回幸福感，再度樂於接受，而不是需求不滿。

照顧自己是一種紀律

我們每天可以任憑自己處置的時間是有彈性的；我們感覺的熱情可讓它變長，我們激發的熱情可使之縮短，剩下的就由習慣來填補。

——馬賽爾．普魯斯特（Marcel Proust）

最優秀的接受者知道如何讓自己快樂和放鬆。她們藉由每天特意去做自己喜歡的事來達到這個目的，美化自己的家、上健身房、用雙手做東西或看一齣單元劇，不爲什麼，只因爲那件事讓她們感覺很快樂。她們把這些事當成例行公事的一部分，就像鋪床或刷牙一樣，因爲這樣做讓她們感覺很踏實。

照顧自己的這個紀律與保持居家的整齊潔淨或預防牙垢一樣重要，它幫助妳避免耗竭，進而培養出妳對更多來到生命中的樂趣和享受擁有承受力。

練習照顧自己的女人擁有足夠的庫存能量，能夠處理生命中出乎意料的挑戰。額外的報酬是她們會散發一種平靜和快樂的感覺，讓人們樂於與之相處。她們擁有一種令人無法抗拒的自尊氣息。

讓令人愉快的活動融入妳的生活中也許不一定容易，但優秀的接受者不管怎樣還是辦得到，因爲她們相信當自己這麼做的時候，她們會感覺比較好、比較踏實。我曾經在我很想加班工作時，強迫自己晚上去打排球，但事後總是很高興自己這麼做。背景和步調的改變讓我的觀點比較正面。我現在是那些我以前很羨慕的女人之一，是一個擁有很多樂趣的女人，而不是一個蓬頭垢面、希望自己能有更多樂趣的女人。

不妨考慮一下每天至少做三件取悅自己的事。比方說，妳可以去上瑜伽課、看漫畫、與男友親熱。隔天妳可能和一個朋友共度午餐時間、看雜誌、修腳趾甲。妳可以和孩子或寵物一起玩、花半小時整理花園、泡熱水澡。早點上床、吃一頓可口的餐點、去按摩、唱歌或彈奏樂器、聽音樂、上一堂妳喜歡的課、打坐等，都是好好照顧自己的絕佳例子。

妳的「每日悅己清單」上可能包含一些上述事項，但妳也會想把個人獨享的那些活動加上去。

務必要認眞地讓取悅自己的活動成爲自己喜歡做的事，而不是別人希望妳做的事。譬如，當一個同事給維琪某個晚上演出的戲票，但那天她剛好有網球課時，她很清楚自己不能去，因爲她對網球課比對看戲的興致高多了。對維琪來說，去看戲是可以，但打網球卻是件賞心樂事。當然她也會享受那齣戲，但照原定計畫行事才算是好好照顧自己。

有時候妳安排了取悅自己的活動，某件事卻突然冒出來干擾妳。但是別忘了，妳原先計畫的手工藝課、喝咖啡聚會或獨處，對一個大方的接受者來說，重要性不亞於待辦清單上的其他事項。

養成快樂的習慣

充實的一天帶來一夜好眠。

——達文西

如果妳和大部分現代女性一樣，那妳應該是忙得一天中沒有幾個鐘頭能好好照顧自己。爲什麼練習好好照顧自己的最重要步驟是把它列入計畫，原因就在這裡，不然此事不會無中生有。除非妳下工夫抽空去海邊或小睡一下，否則工作眞的會占滿所有的時間。

如果我計畫要照顧自己，然後委託一個朋友監督我確實執行，那就更好。基於某個原因，知道我要是不好好照顧自己，稍後我最好的朋友會罵我一頓，讓我更有動力把此事安排在我的行事曆上，此外我們還會互相提供巧思妙想。不妨稱之爲「夥伴制度」（buddy system），據研究顯示，這種方法有助於人們保持運動習慣，而且我發現它也有助於維持自我照顧的養生之道。我宣揚自我照顧的好處已經很多年了，到現在我還是會在大部分早上與我最好的朋友通電話，交待我當天打算取悅自己的三件事。

練習好好照顧自己讓我更有創造力。或許是因爲它讓我不會筋疲力竭，進而讓我覺得比較有活力和能力。當我感覺堅強又有動力時，我比較容易完成工作或把家裡整頓一番。

因爲我現在已養成每天讓自己快樂的習慣，所以我無法想像其他的生活方式。我更有感恩之心並且覺得自己很幸運，因爲我過得非常充實。我與朋友的關係更穩固，而且我也更清楚如何滿足自己的需求。我很少因爲自己從來得不到任何東西或沒有做任何事情而自憐自艾，反之，我感覺好像一直在玩遊戲或參加派對、探望朋友或放鬆。結果是，我更有接受的能力，因爲我的杯子已經滿了。我總是用得到更多讚美、協助或禮物，而非企求它們或其他事物來解決我的問題。

就我以前對待自己的方式來說，留心取悅自己是一個很大的挑戰。多年前，我讓自己過度操勞，尖酸抱怨自己無法承受，然後在一天結束時多半累得四肢癱軟。我以爲未來某一天情況會好轉，但卻不知道是何年何月。更誇張的是，不放任自己盡情享受熱愛的事物，我反而有某種荒謬的快感，因爲知道自己沒有做任何無足輕重的事，讓我覺得比較有美德。

不幸的是，我也很喜怒無常、難以相處，因爲我動不動就發脾氣。我一直想控制我丈夫，因爲我怕自己會付更多錢、等更久、有更多東西要清洗；我知道我只是沒有力氣處理任何這類的問題。我也覺得沒有人感激我所做的一切犧牲，雖然那是我自己甘願做的，此外，我從來不覺得我的付出與得到的回報成正比。我希望別人會照顧我，但反而表現得像刺蝟，用自己的喜怒無常刺傷身邊的每一個人。我一直壓力過大、一直在生氣，不知不覺把「我不想要或不能領略簡單的樂趣，所以不要浪費你的時間帶給我這些樂趣」的訊息散發給身邊所有的人。

如今情況已經完全改觀。我現在會花更多時間和精力在喜歡的事物上，別人看到的我是一個值得過快樂生活的人。換句話說就是透過我對待自己的方式，我爲他人立下典範，讓他們知道他們應該如何對待我。聽起來很簡單，但我以前從來不知道他人對我的反應正是我對自己的反應，那情形很像參加舞會前的灰姑娘。

練習好好照顧自己，就像決定成爲從此以後過著快樂生活的公主一樣。

第二種生活態度
珍愛自己

第 12 章
承認
自己的天賦
Own Your Gifts

採取自尊自重的態度時，
他人就會用妳對待自己的方式對待妳

妳擁有把價值和快樂帶給自己和他人的天賦。如果妳不知道它們是什麼，或因為怕顯得很自大，而不敢承認這些天賦，那妳會阻撓自己得到美好的自信感覺。

不要貶低自己的美麗或能力，反之，妳應該承認自己擁有他人欣賞和羨慕的天賦。先從私下承認自己的天賦做起吧。走進浴室、關上門，注視自己的眼睛。大聲說出妳欣賞自己的地方，徹底清點妳的天賦：妳是個高超的廚師、絕佳的傾聽者、機靈的女商人嗎？坦誠面對自己，對那些特質抱持感激之情，說出「我很高興我有濃密烏黑的卷髮」或是「我很喜歡自己口齒這麼伶俐」。

當妳採取自尊自重的態度時，他人就會用妳對待自己的方式對妳。反過來，妳以推拒他人讚美的方式當著他們的面貶低自己，這種態度是具有感染力的：他人也會比較不重視妳。人們從妳呈現自己的方式來看待妳，所以妳要是一直說「我很胖」、「我可能永遠嫁不出去」或「我真是個笨蛋」這種話貶低自己，那妳給人的印象便很糟。

妳對自己的觀點將會影響他人看待妳的方式，而且他們會把那種觀點投射在妳身上，然後那種看法就會變成事實。

謙虛過了頭就是不誠實

如果所有偉人有一個共通的特質，那就是虛榮。但我說「虛榮」單單是指他們肯定自己的價值而言。

——游瑟夫・卡戌（Yusef Karsh）

我們在中學學到什麼？不要表現得好像妳「很棒」。如果這麼做，別人會認爲妳鶴立雞群，沒有人會想跟妳做朋友。難怪成年後我們會內化那句少女時代的咒語——拚命謙虛。我們偏愛表現謙遜的方式是跟稱讚我們的人唱反調，這樣我們才不會看起來很自大。妳喜歡我穿的衣服？它們是舊的。你覺得我很有魅力？都是化妝品的功勞。

自大讓人倒胃口，但故作謙虛也一樣。當妳告訴某人她把家布置得眞漂亮時，她卻說「其實現在是亂七八糟」，實在是可厭而不是可愛。那種話對妳的評價是什麼？妳喜歡豬窩？妳不懂得分辨什麼是高雅？突然間，給予讚美的那個人不知不覺被中傷了，至於那個本來應得到讚美的對象，由於太快草率打發它，因此完全享受不到那個讚美。

過度謙虛可能會讓想要給妳某個東西的人感到挫折。妳可能很想為了表現謙虛而反駁某個讚美，但當妳這麼做的時候，妳等於是斷然拒絕並且傷害了給予讚美的人，那是一種沒風度又不可愛的回應善意方式。

〈奇異恩典〉（Amazing Grace）這首聖歌雖然旋律很美，但「那聲音何等甘甜，拯救我如此卑賤之人」這句歌詞一直讓我不敢領教，因為「卑賤之人」這句話的關係。

雖然我絕非美女，但上天賜給我漂亮的眼睛。雖然我絕非天才，但上天讓我很聰明。雖然我絕非喜劇演員的料，但上天賜給我幽默感。否認我的漂亮、聰明或幽默並不是謙虛，而是對自己說謊。

如果我不能欣賞自己的天賦，那我最好不要擁有它們，但是我們的文化卻充斥著〈奇異恩典〉歌詞中的那種暗示：我們應該貶低自己，才會更有靈性、更討人喜歡。當然，沒有人想要看起來傲慢自大，但自稱是「卑賤之人」也一樣叫人倒胃口。

謙遜意味著，妳承認自己的天賦，但是以平常心看待它們。

故作謙虛說：「我四肢不協調。」但其實妳既優雅又有韻律感。

自大說：「我是有史以來最棒的舞者。」

謙遜只是簡單說：「我是個好舞者。」

當妳的確擁有舞蹈天分時，如果妳不能承認這件事，那就像擁有一輛超級好車但妳卻不會開車一樣。故作謙虛阻止我們享受我們已收到的禮物，也干擾我們接受新禮物的能力。

史蒂芬妮的聲音非常美妙，當我們其中一些人請她在一個派對上唱首歌時，她搖搖頭反駁：「我都沒有練習，你們不會想聽我唱歌啦。」但我們已經知道她有一副好歌喉，所以我們堅持要她唱。「好啦，史蒂芬妮，唱一首就好了！」我們大聲央求。她堅稱她的歌聲不會好聽，那時候我開始覺得火氣上升。我們在讚美她，而她卻跟我們唱反調。更甚者，她不肯唱的理由並不是真話。本來我們可以在她唱歌時交流情感，但現在卻捲入好－不好、好－不好的愚蠢對話中。

我知道史蒂芬妮不是故意講話這麼假惺惺，我懷疑她是想要看起來謙虛。她可能是以我們很多人被教導要客氣有禮的方式（也就是對我們的天賦吹毛求疵），表現她的客氣有禮。

或者，史蒂芬妮可能覺得沒有安全感或緊張，任何人都可能如此，但她不明說。反之，她卻想要斷言自己的歌喉不好，但那並非事實；她的話對我們的善意來說就像迴力鏢一樣。如果她是說「我覺得有點不好意思」或甚至是「我現在不想唱」，那是可以理解的。我們可能還是會設法哄她，要她為我們演唱，但我們不會懷疑她的誠意。

謙遜非易事

每個孩子都是藝術家。問題是，如何在成年後仍然保有藝術家的特質。

——畢卡索（Pablo Picasso）

很多我認識的女人都有難以承認自己天賦的問題。我要求工作坊的女人參與一個練習，請她們在練習中對隔壁的女人宣布自己身體上最好的特點。我要求她們注視對方的眼睛，然後把下列句子裡的空白處填上：「我有很不錯的……」。這件事讓一些女人不知如何應對，即便她們有很多不錯的特色。事實上，我很訝異居然常常有人想要說她的個性很好或腰力很好，免得必須指出一個迷人的身體部位。奇怪的是，難以面對這件事的女人通常是外表「最」迷人的女人。

有一個對自己的美麗之處難以啓齒的女人說：「我覺得這樣誇耀自己很討人厭。」我同意誇耀不是討喜的行爲，但我指出我們是在練習享受自己的優點（只限於我們之間），因爲否認它們也一樣很討人厭。我再次請她告訴我們，她有什麼好看的地方，但她低下頭說她的外表特徵大部分都不迷人，然而那些特徵卻是最突出的部分。

整群人發出哀嘆聲以示抗議。另一個女人轉頭跟她說：「我們對自己的外表都不滿意，但那並不表示不能欣賞自己身上的幾個部位。把焦點放在這裡就對了。」最後，在多方鼓勵下，我們終於得知這個女人覺得她的皮膚不錯。而且那是事實，她的確有一身漂亮肌膚。她的陳述一點都不討人厭，而是很可愛，因爲我們看到她鼓足勇氣說出眞正屬於她的特色，即使那樣做讓她完全坦露在衆人目光焦點之下。看到她從享受自己的美當中得到很好的感覺，就算只是曇花一現，也讓人感到既滿足又振奮。

但那一刻之前她一直無法享受有幸擁有一身美麗肌膚的快樂，似乎是一件很可惜的事。或許過去有人因爲她樂於擁有好皮膚而批評她，因此她學會避免承認自己有任何長處，怕別人會抨擊她。我們當中很多人都有過那種經歷，但並不表示我們必須永遠被它綁住而不敢讚美自己。

當然，在衆目睽睽之下承認我們的天賦或才華，可能極度令人不安。當我們感覺每個人的焦點都放在自己身上時，坐立難安並非不尋常的現象。我們可能很想要把自己的能力打個折扣，爲的只是紓解感覺好像每個人都在看我們的那種壓力，但當我們這麼做時，我們就是說謊並讓我們周遭知道眞相的人感到挫折。

一個優秀的接受者知道自己擁有什麼而且敢於承認。她對自己的天賦滿懷感激之情並且誠實以對，因而讓人與她相處彷彿如沐春風。

第三種生活態度
坦承欲望

第 13 章
認清
真實的欲望

Identify Your Authentic Desires

欲望可能是暗示一件比表相更重大事情的徵兆

有時候我們甚至不知道自己要什麼。發生那種情況時，不妨退一步自問：「我真正想要的是什麼？」這是邁向接受妳希望得到之物不可或缺的第一步。

不要用一時興起草率打發妳的欲望，而是要信任並重視它們。即使妳覺得很不自在，也要找出妳想要的是什麼，大或小、不可能或很實際都行。妳越是樂於傾聽自己的欲望，它們就越會引導妳得到自己想要的東西。這樣做將有助於妳了解妳想要得到什麼樣的協助。

每天評估妳的欲望，即使是最真實的欲望都可能出其不意地改變。改變妳的心意完全不是問題，因為妳現在想要的東西可能和妳明年、今年春天或午餐後想要的東西很不一樣。

只有死人才會什麼都不要

一個人最想做的事情可能是最值得去做的事情。

——溫尼弗瑞·霍特比（Winifred Holtby）

或許妳想要新鞋、小睡一下、休息、小孩或有機會參加電影演出。有些女人渴望有豪宅、獨處時間、花園、丈夫或動眼皮手術。妳的欲望可能包括一杯烈酒、一份比較好的工作、一本好書、更多存款或一個新朋友。不管妳想要的是什麼，那都是現在的妳以及未來的妳的一部分。

我記得我父母親告訴我，要對我擁有的東西懷有感恩之心，彷彿那樣子我就不會再想要任何東西。感恩的確很重要，但不管妳對現在擁有的東西有多感恩、多欣慰，都不可能再也不想要其他的東西。

比方說，如果妳有一個小孩而想要再生一個，那並不表示妳對於擁有最大的孩子沒有感恩之心或欣喜之情，而是表示妳有能力也渴望接受另一個小孩加入你們的家庭。同樣的，物質上的東西也是如此。妳可能很高興擁有一套漂亮的餐廳家具，但還是渴望擁有妳在一家商店櫥窗看到的全新扁平餐具。那樣子並沒有什麼錯，想要美麗的扁平餐具意味著妳是一個喜歡美麗事物的人。否認妳的欲望等於是否認自己的一部分。

純粹的欲望迥異於自認理所當然的感覺，後者是指有人欠妳東西或妳有權得到某物的預期。自認理所當然既無禮、冒昧又不迷人，但欲望不一樣，欲望是沒有預期的。想要一連五天晚上去看戲，表示妳對藝文很有興趣，妳就是這樣，而不是妳有毛病。然而，借錢買戲票卻是不負責任的行爲，反映出一種自認理所當然的感覺。明白其中的差別嗎？

妳的欲望不會讓妳需求不滿或過分要求，而是人之常情。既然是人，那妳一定會想要「某個東西」。

那並不是說妳注定一輩子不滿足，而只是說妳的欲望將會與妳一起成長和改變。

真正的欲望請起立

> 我無法回答的大哉問是：「女人到底要什麼？」
>
> ——佛洛依德

當然，並非所有欲望都來自於健全之處。有時候我們知道我們需要「某個東西」，但我們卻未能直接命中目標。我們眞正需要的是大哭一場時，我們卻去找甜甜圈；一雙新鞋取代了有人傾聽我們心聲的感覺；一杯葡萄酒讓我們感覺放鬆，但當時我們眞正需要的卻是減少工作。依據那種欲望行事可能導致衣服多到塞不進衣櫥，以及一件都穿不下的慘事。

當妳不確定自己眞正的欲望時，尋找表面的一時滿足是人的天性。幸好，很容易分辨眞正的欲望和表面的一時滿足之間的差異，因爲後者一定都會伴隨一股迫切感。

當我落入我所謂的「繞圈子」循環時，我就知道我已經與自己的欲望脫節。那時候我會一直繞圈子，想辦法要把我想要的東西弄到手，而且是「現在就要，免得爲時已晚」。什麼爲時已晚？我不知道。我只知道我迫切想要我想要的東西。當然，那樣的安慰永遠不會令人滿足，因爲我並未面對眞正的欲望。

所以，妳如何能夠在不發胖和濫刷信用卡的情況下追隨自己眞正的欲望？訣竅就在於延緩迫切得到慰藉的行動，把迫切感當做是深入挖掘的起點。譬如，妳能否等到明天再買那套行頭，還是一定要現在就買？如果感覺一定要現在就買，那妳最好打電話給一個朋友，或是停止逛街、讓自己有五分鐘翻翻雜誌的時間。如果妳連花幾分鐘時間翻翻雜誌都不想，就要吃掉那條棒棒糖或喝下那杯葡萄酒，那很可能它並不是妳眞正渴望的東西。一旦妳發覺自己有迫切感時，妳也有了一條線索，知道有某個妳想要但尚未搞清楚是什麼的東西存在。下工夫找出那是什麼，屆時迫切感就會消失。抗拒一時的滿足容易多了。諷刺的是，如果妳不介意延後得到妳想要的東西，那可能得到它也無妨。

清楚知道自己的欲望，是另一個避免只求一時的滿足，而不找出妳眞正想要之物的方法。花點時間思索妳想要什麼。如果妳經常冥想「我想要什麼？」這個問題，妳就更容易區分眞正的欲望和一時的滿足。

冥想不一定要盤腿誦經，也可以是默默地摺衣服或獨自去散步。問問自己：「我眞正想要的是什麼？」擁有一些獨處的時間嗎？得到一些建議嗎？給妳的兒女一些限制嗎？告訴妳的老闆我不能加班？我有時會自問：「什麼會讓我感覺很好？」答案通常因時而異，從一大碗水果、一件T恤、小睡片刻、做完工作到幫忙完成一個感覺頗有分量的計畫都有。

在妳停止繞圈子、反省時，更重要的眞實欲望一定會現身。一旦妳知道自己的欲望是什麼並開始追隨它，任何事情都阻擋不了妳。

別害怕不可能實現的欲望

能夠認清什麼會讓你快樂是一個非常好的開始。

——魯吉爾・博爾（Lugille Ball）

我們往往不肯承認自己想要什麼，因爲我們怕得不到它。

比方說，有一次我在帶領一個工作坊時，我問一個女人想不想和她疏遠的丈夫重修舊好。

「我不知道他想不想，」她回答。

我再問她一次：「我了解，但妳想要什麼？」她看起來一臉茫然。「妳想不想和妳丈夫言歸於好？」

「我不確定有沒有可能，」她告訴我。

「如果可能的話，」我繼續追問：「那是妳想要的嗎？」

「我不知道，或許吧。」她最後終於承認。

我懷疑她「確實」想要復合，不然她爲何要來參加幫助一個已婚婦女找回婚姻親密感的工作坊？但她相信她丈夫不想復合，所以她甚至不准自己有

「個人」的欲望。我了解她是在保護自己，以避免失望和被拒絕。

她不想曝露自己的弱點。

或許，她只要把想復合的純粹欲望表達出來，她的丈夫對她的反應可能會不一樣。也許只是注視他的眼睛，然後說「我想念你，我希望你回到我身邊」就足夠促使他想再試一次。畢竟，在表達溫柔欲望的同時，也會顯露出自身的脆弱，這脆弱使得他人想要幫助妳。

任何形式的接受都有一個必備條件，那就是妳必須有勇氣冒一點風險。相較於耽溺在恐懼之中——害怕要是表達出真正的欲望，就會體驗到被拒絕的痛苦——當然是挽救婚姻比較重要。

安布洛斯．瑞德穆（Ambrose Redmoon）曾經寫道：「勇敢並不是指沒有恐懼，而是指確定其他事情更重要。」

欲望並不危險

給你太少讓我們有罪惡感，因為我們非常害怕你不想要更多。

——唐．布列斯南（Don Bresnahan）

或許妳以爲必須嚴格控制自己的欲望，不然它們會害妳惹上麻煩。譬如，妳可能認爲最好阻止在上班日想去海邊散步的欲望。但不要忘了，妳之所以工作，就是因爲它能提供其他妳想要的東西給妳——一份薪水和經濟上的穩定。現在妳有的是互相衝突的欲望，一個說放下一切、去感受沙在腳趾間摩搓，另一個說先確定我們下個月付得出房租再說。

所以追隨妳的欲望意味著妳必須先承認它，然後讓它來引導妳。或許妳想去海邊的欲望會引導妳休假一天、在海浪裡嬉戲，或安排一個有很多時間在海灘玩的假期。它也可能意味著妳開始減少工作時數，或找尋讓妳有時間去海邊的新工作。

或許妳的欲望與拋掉不適合妳的工作比較有關係，在那種情況下，它是一個暗示妳應該考慮換工作的徵兆。妳不必知道是什麼工作，只要願意承認反正不是妳現在的工作、說出「我想要一個比較有趣的工作」或「我想要換行業」就行了。

換句話說，妳的欲望正在對妳說的悄悄話，這可能是揭露一件比在海邊消磨一天更重大的事情的關鍵。

當妳的腦和心起爭執時，妳的心一定會贏

當你歡欣雀躍時，小心不要讓人把你腳下的地面移走。

——史坦尼斯洛夫．雷克（Stanislaw J. Lec）

欲望本身並不危險，但忽略它們卻很危險。試圖鎮壓它們不僅浪費妳的時間和精力，而且在眞相水落石出時，承認妳不是那麼誠實可能會讓妳非常難堪，但這種情況幾乎一定會發生。

當瑪格麗特懷了第一個孩子時，她和先生兩人都是位高權重的主管。瑪格麗特發覺公司的育嬰假制度很糟糕，於是她努力進行遍及全公司的改革，

讓她能夠在孩子誕生之後的工作時間更有彈性。公司裡的其他女人很感激她帶領的這項全面性的改革，然而，瑪格麗特自己卻從未享受過這個勝利的果實，因為孩子一出生，她就跟先生說：「我再也不要回去上班了。」

那是十六年前的事，而且她從此不曾工作。

必須告訴她的老闆這個消息，瑪格麗特覺得非常痛心，但是在她老闆施行瑪格麗特想要的育嬰假制度之後，這個突如其來的計畫改變讓對方很不好受是可以理解的。如果瑪格麗特在孩子出生前將近九個月期間早點承認她所感覺到的事：她想要做個全職媽媽，那麼她就可以避免這樣的尷尬。

「我發覺我當時就已經知道了，」瑪格麗特說：「但我設法說服自己放棄，告訴自己要合乎邏輯。但看到寶寶的臉讓我沒辦法不理會我的心。」

凱倫也有類似的經歷。她說服自己她不想結婚，甚至還在約會時列舉上百個不婚理由。她之所以這麼做，是因為她認為男人喜歡獨立的女人，以為這會消除男人害怕女人會誘使他們走入婚姻的恐懼。因此，凱倫說出她認為男人想聽的話，而不是她真正的欲望。結果是，沒有人求婚，甚至沒有人想長久和她交往。

最後，一個已婚女人告訴她，想結婚不是壞事。凱倫再也無法忽視自己的眞相——她眞的很想跟合適的對象結婚。那樣一來情況完全改觀。沒多久她遇到凱文，談了一場美好的戀愛，七個月後就高高興興地訂婚了。

現在明白追隨妳眞實欲望的力量有多大了嗎？

欲望會指出下一步怎麼走

要有點運氣才能得到你擁有的東西而不是你以為你想要的東西，在你一旦得到它時，你可能夠聰明而看出它就是你要的東西——如果你當初知道的話。

——蓋瑞森·凱樂（Garrison Keillor）

欲望就像內在羅盤，爲妳指出重要的下一步該怎麼走，不管那一步是什麼。比方說，在我二十幾歲時，我在一家公司工作，但我想成爲歌手。每天我的欲望會一再刺激我設法脫離辦公室的小隔間、站上舞台。所以我便採取行動，開始上歌唱班。接下來我寫了歌詞並請我丈夫約翰（當時已經是個成功的樂手）爲它們譜曲。約翰和我組了一個樂團，並安排爲較大的樂團暖場的演出。

起初我既難爲情又緊張，但隨著上台的次數增多，我的信心也日益提升。我們錄了一章ＣＤ並自己促銷。我甚至說服《洛杉磯時報》（*Los Angeles Times*）寫了一篇樂評，我們開始在像維京和淘兒這種正統的唱片行銷售我們的音樂。我之所以能做到這一切，是因爲想成爲表演者的欲望推動我。認清我想要什麼，是我得到它的第一步。當然，那只是一小步，但也是不可或缺的一步。

然後有一天樂團解散了，我想成爲歌手的希望破滅。當然我可以再組一個樂團，但我累了。好長一段時間我把精力全部投注在練團和促銷上，把多餘的錢全部花在傳單、照片和麥克風上。我很失望我們不曾有過我想像中的世界巡迴演出，而且覺得我的心血全部白費。

我也覺得悲傷，因爲對於參加搖滾樂團，我不再有熱情，不再像第一次表演那樣興奮。在我曾經非常強烈的欲望轉弱之後，樂團的動力讓我們繼續支撐了幾個月。我在對此不知不覺的情況下繼續往前走，那表示我沒有從挑戰中得到慰藉，也沒有努力的目標。原本爲某事充滿熱情的那個地方，如今卻空無一物。改變的時機到了。

兩年後，我決定寫我的第一本書《順服的妻子》。再一次，我的欲望強烈、具有推動力。我憑藉大學時代上寫作課學到的東西，把內容鍵入一台已經五年的家用電腦裡。約翰協助我發行這本書，而且靠著我們錄製和銷售CD的經驗，我們也自己促銷。再一次，我說服《洛杉磯時報》寫了一篇文章報導這本書，而且我們也開始在自己的網站、亞馬遜網站和邦諾書店（Barnes & Noble）上銷售。

因爲我們有過自己發行音樂CD的經驗，所以知道該如何促銷自己的書。在短短幾個月期間，我們就成功出清第一刷；這個豐功偉績吸引了一位一流的作家經紀人注意。經由他的努力，賽蘇出版社（Simon & Schuster）同意出版《順服的妻子》，這本書變成了暢銷書並促使世界各地的女性紛紛來信致謝。

回想起來，我可以看出我爲樂團付出的心力並沒有白費。一件似乎徹底失敗的事情，其實卻是未來某項成就的重要準備工作。我與搖滾樂團一起上台表演的時間，給了我在電視上暢談自己的書所需的信心。如果我沒有唱歌的欲望，或是不承認它，那我就不會在該促銷我的書時有萬全的準備。我不知道還有什麼課程或訓練班能夠把我訓練得這麼好。單單是追隨我的欲望，就已經提供了我成功達到下一個冒險目標所需的經驗。當初誰知道會這樣？

我並不是在鼓吹事出必有因的老調，反之，我是說妳的欲望有個重要的目的。如果當初沒有採取行動，籌組一個樂團並為它宣傳，那麼我就不會有成功推出自己第一本書的準備，在此追隨我的欲望扮演關鍵的角色，雖然我沒有達成最初的目標。

因爲有過這類經驗，所以我把朝著我渴望的事物邁進當成行進口令。它們有助於我得知下一步做什麼，以及如何運用我的時間和精力。其實做起來並不難，因爲那本來就是我想做的事。

諷刺的是，我是否滿足欲望「並不是」很重要，重要的是承認我有那樣的欲望。

要達到這個目標，我必須採取不可或缺的第一步：弄清楚我想要什麼。

弄清楚妳想要什麼

這一步聽起來或許顯而易見，但承認妳的欲望並不像它聽起來那麼容易。首先，欲望可能很嚇人，尤其在它們好像不可能的時候。光是承認妳的欲望，就得鼓足一些勇氣。此外，欲望會改變，我成爲歌手的故事就是個明證，所以經常列清單以便監控妳此時想要什麼很重要。我就有一本每隔幾天加記一次的流水清單，而且我的欲望幾乎每週都不一樣。

這一步最爲重要；如果妳不知道自己的欲望是什麼，那妳就不可能承認妳擁有它們。如此一來，妳甚至會跟以下的可能性分道揚鑣：擁有那些帶給妳最多快樂的事物。我很喜歡條列希望清單，因爲看到我的欲望變成白紙黑字，比起它們只是漂浮在我的腦海裡來得眞實多了。

當然，單單知道妳想要什麼並不會讓那些事物突然冒出來，但卻是朝那個方向邁進的一大步。

第三種生活態度

坦承欲望

第 14 章

說出妳想要什麼

Say What You Want

大聲說出來，有助於看清更深層的欲望

傾聽妳的欲望能幫助妳口齒清晰地表達它們，而且這是實現它們的重要一步。妳越能大聲表達自己的欲望，就越有可能實現自己的夢想。

一位優秀的接受者明白她身邊的人希望她快樂，因此想要幫助她實現欲望，所以她坦率地表達自己的欲望，等於是願意讓他人來支持她。

妳不一定要很確定每一個心血來潮的念頭，才敢大聲告訴愛妳的人，但對於吐露妳最慎重的欲望，則要找個妳非常信得過的人。有時候光是大聲說出某件事，就能讓妳了解到它不是妳要的東西。畢竟，改變心意是女人的特權。

藉由說出妳的欲望引來他人支持

要求你想要的東西並有得到它的心理準備。

——瑪雅·安潔羅

茱蒂知道自己的購屋欲望是真實的，但看了幾個月的房子並設法擬出購屋計畫之後，她卻準備放棄。「我絞盡腦汁，」她說：「卻想不出我們要怎麼才能負擔買房子的費用，我實在看不出這件事怎麼可能發生。」

我提醒茱蒂，她還沒有絞盡別人的腦汁呢！我鼓勵她到處宣傳她的欲望，以防萬一有朋友或家人幫得上忙。所以茱蒂向鄰居、母親、叔叔、婆婆和朋友們，表達她的欲望以及她面對的挑戰。

她的一位鄰居推薦一個名叫哈利的傑出房屋仲介給她；哈利介紹了一個名叫法蘭克的貸款經紀人給茱蒂；法蘭克提出了一個只需要付一小筆頭期款的貸款計畫。茱蒂的母親同意借錢給茱蒂和她丈夫支付一部分頭期款，而且她丈夫的老闆願意預支薪水給他以補足差額。

接下來，哈利帶茱蒂和她丈夫四處看屋，然後他們找到了一間很棒而且買得起的房子。當天他們就出價，賣方接受了，結果他們正等著法律手續完成之後，就可接收這個她最想要卻曾以為自己得不到的東西——一個環境很好的社區裡一間有四個臥室的房子。

在茱蒂搬進她夢想中的房子時，那些在過程中支持茱蒂的鄰居、親友很高興和她一起慶祝喬遷之喜。這一切之所以會發生，是因為茱蒂願意說出她想要什麼，即使她原先不認為自己能夠得到它。當她擁有那些欲望時，她採取了得到她想要之物的關鍵第一步——大聲說出自己的欲望。如果沒有這一步，茱蒂和她的家人仍然會是無殼蝸牛，因爲那些親近她的人不會知道該怎麼幫忙。

正因爲妳對親友表達出自己的欲望，但這並不表示妳可以預期身邊的人會實現妳的欲望，但他們可能會。比方說妳希望擁有大一點的房子，如果妳大聲說出來，妳的朋友就知道要留意房屋買賣的消息，所以當他們聽到有更寬敞的地方要出售、很棒的仲介商或從事房屋加蓋的包商就會通知妳。如果妳不大聲表達那個欲望，妳將會錯失想要幫忙的人給予的支持。

妳可能擔心，如果妳一直在講自己想要什麼，人們會以爲妳人在福中不知福，但別忘了，欲望和惜福「並不是」對立的。妳可能很珍惜自己擁有的一切，同時也想要更多，只要妳沒有把欲望和自認理所當然混爲一談即可。如果妳對此感到難爲情，那妳大可在表達欲望的同時也表達妳的感激之情，像是說「能住在曼哈頓眞是我的福氣，現在我只想找一間比較大的公寓」。

歐普拉．溫弗瑞（Oprah Winfrey）做了一個有關實現願望的節目，那個節目是說出妳天馬行空、特立獨行欲望有何意義的完美例證。歐普拉的製作人找到一些女人，問她們想要什麼，有幾個說「跟歐普拉見面」，另外有人說「一個新家」或「付清助學貸款」。歐普拉實現了上述每一個女人的願望，而且當那些想要見歐普拉的女人發現了她爲其他有更大欲望的女人所做的事，她們很失望。「我們不知道我們可以許那種願望，」她們說。但歐普拉鼓勵她們把這個經驗當成一個教訓，敢於追求更大的夢想。

妳現在明白，知道自己想要什麼而不必理會別人認爲可不可能很重要了吧？我知道不要浪費時間去說妳想要但得不到的事物似乎比較實際，但如果妳連承認妳想要它們都不肯，那妳絕對得不到。因此，就算妳很怕在妳得不到時，妳的欲望會讓妳看起來很愚蠢，也要找到追隨它們的勇氣。

直來直往，妳就不用處心積慮

某一天讓每具電話消音、每個馬達停止和所有活動暫停一小時，給人們一個花幾分鐘思考生命的意義、他們為什麼活著以及他們真正想要什麼的機會，或許是個好主意，實際狀況可能跟它聽起來一樣美妙。

——詹姆士．崔斯洛．亞當斯（James Truslow Adams）

「不要告訴任何人妳希望得到什麼，否則它不會實現。」當妳小的時候，有人可能跟妳講過這句話，但這個常見迷思的始作俑者卻把意思弄反了。大聲說出妳的希望不只比三緘其口更好玩，也會讓妳的希望「更有可能」實現。那是因爲別人一旦知道妳的希望，他們可能有辦法幫助妳實現它。加上了話語的重量，也可能讓欲望變得比妳將它具體化之前更眞實；這樣做證明妳重視自己的欲望，讓它們的重要性勝過於妳沒有大聲說出來的事情。

小時候妳可能聽過很多關於妳「不應該」表達個人欲望的訊息，或許有人告訴妳不要那麼自我中心，要想想比較匱乏的人，或者是要有禮貌，不要跟別人要東西。最近在食品雜貨店，我聽到一位父親對他的小孩說，如果他們再向他多要一樣東西，他就要處罰他們。那會讓我在開口說出我想要什麼之前先三思。

爲何要大聲說出妳的欲望，或許最重要的原因是，明確有力地對自己表明，比起只悄聲告訴自己並處心積慮得到它們好太多了；當妳打壓自己的欲望時，就會發生後者那種狀況。

譬如，說「我希望有一整個房間可以用來做手工藝」是一種不帶批判、純粹表達欲望的方式；說「既然你不太用得著它，爲什麼不把那個房間的垃圾清一清？」則是令人不快的批評，也是專爲達成同樣目的——多一個房間給妳使用——而設計的操縱方法。

純粹的表達每一次都會比較有效，但妳必須先承認妳的欲望才行。妳一旦把它們表達出來之後，妳甚至不會想要說出負面或批評的話，因爲妳不需要。妳已經直來直往，而這正是最有效的溝通方式。

說出想要什麼會讓妳更美麗

除非你知道自己要什麼，否則你要不到它。

——艾瑪．阿爾巴尼（Emma Albani）

有些女人擔心公布自己的欲望會讓她們好像很自大或自我中心，但事實正好相反。知道而且說出妳想要什麼，乃是自信的表徵。

那樣做其實會讓妳更有魅力。

有個女人在還未清償護理學校助學貸款的第一筆金額之前，就發覺她眞正想做的是美髮師，所以她就開始去上美髮學校。如今她已是個成功的髮型設計師，對工作充滿熱情和活力，使她成爲我認識的最美麗的女人之一。如果她因選錯職業而鬱鬱寡歡過一生，就不會擁有讓她如此吸引人的光采。

想像一下，與某個確知她想要跳探戈、拿出一百萬美金創業，或學會冰雕的人在一起，是多麼有趣的一件事；然後再拿它跟某個說「妳想做什麼我就跟著做」或「我不在乎我們做什麼」的人比較。這樣的女人是在否認自己的欲望，那樣做很沒有魅力。她生命缺少樂趣，因爲她無動於衷。

當然，妳可能不想要跳探戈、創業或做冰雕，但就算如此，跟某個果斷的人在一起還是很有意思。當她表達自己想從事什麼活動的欲望時，等於給了妳自由表達個人欲望的機會。妳可以說「我想做別的事」，也可以設法兼顧彼此的欲望。然後妳就不用在那邊猜想另一個人眞正想做的是什麼，或是她玩得開不開心。

肯定和果斷是迷人的特質。

祕密欲望可能讓妳所愛的人抓狂

不要放棄嘗試你真正想做的事。只要有愛和靈感，我不認為你會出錯。

——艾拉．費茲潔羅（Ella Fitzgerald）

如果妳認爲妳想要的東西會讓別人難過，妳可能會很想三緘其口。但是，「不」直截了當表達那些欲望是一件非常危險的事，因爲最想要看到妳快樂的人會很困惑。

當尼克的母親莉莉來他們的新家探望他們時，珍娜和尼克的感覺正是如此。莉莉宣稱，如果她住在他們家太麻煩，她就去住飯店。珍娜並不覺得莉莉來住會很麻煩，甚至還提議床讓給莉莉睡，她和尼克睡沙發。但莉莉反駁說：「喔不，我不要造成任何人的不便。」

珍娜覺得被拒絕。設法說服莉莉相信她的舒適是一份他們非常樂意給予的禮物，讓珍娜覺得很氣餒。如果莉莉只是說「雖然我喜歡看到你們，但我想住飯店，這樣我才有自己的空間。我會住在附近，這樣我們就不會錯過在一起的時間」，珍娜就不會有受傷或一片好意被人辜負的感覺。

最後，珍娜和尼克花了時間和精力，留宿一個一開始就不想要被留宿的人。對每一個牽涉其中的人來說，這都是一件令人氣餒和不滿的事。

妳的欲望並非牢不可破

我擁有反駁自己的權利。我不想要剝奪我胡說八道的權利，而且

我謙遜地請求人們容許我偶爾犯錯。

——費德里科・費里尼（Federico Fellini）

瓊安跟一群朋友說她想要唸碩士。她一說出口就發覺，重回學校這個想法對她來說聽起來很可怕。她不想要看起來很善變，所以她就緊抓著她最初說的話不放，即使當她最好的朋友說「那對妳想成爲畫家的夢想有什麼幫助？」時也不改口。

另一個朋友寄了封電子郵件給瓊安，告訴她網路上有一個很棒的兼讀制研究所課程。下一次聚會時，瓊安的朋友們問她有沒有去打聽課程，但她還沒去。過了幾個月，對於拿學位的事瓊安仍未採取任何行動，因爲那不是她想要的。

最後，瓊安終於跟朋友們承認，她父母希望她再唸書，但她不想。

當然，瓊安的朋友不會因爲她大聲探索一個想法就看輕她，事實上，大聲說出來有助於她看清她更深層的欲望是成爲畫家。一旦她承認那是她想要做的事，她就能從她朋友那裡接受更有價值的東西：協助和支持她實現眞正的欲望。

依據同樣的道理，表達只是一時心血來潮的欲望也沒有什麼不對。比方說，史考特介紹一個他的朋友給我，他說她有興趣寫一本書。後來，史考特告訴我，他的朋友說她想成爲作家卻一輩子沒寫過任何東西，讓他覺得很不好意思。但是，我並不會因爲聽到這個消息而不認眞看待她，因爲我知道欲望會出其不意地改變和萌生。我認爲她能夠說出自己想要什麼是很有勇氣的行爲，而且我私底下希望她會成功。如果她回來找我，要我給她更多關於寫作的建議時，我會覺得很榮幸，而且她會得到一個暢銷作家的協助。

當一個人知道自己想要什麼的時候，就是如此令人難以抗拒。

對妳信得過的人說出妳的欲望

當然，對於妳最重視的欲望，妳不會想要逢人就說。有些人可能會批評妳要太多，有些人可能會藉著暗示妳得不到妳想要的東西，來打壓妳的抱負。妳的欲望對妳越重要，大聲說出來的感覺就越可怕。因此，找個妳相信會跟妳一樣看重妳的欲望的人說。

就算妳有個支持的聽衆，告訴別人妳想要什麼仍然需要勇氣。比方說，如果妳被教導要謙虛，那妳可能很不好意思承認自己想要成爲百萬富婆或服裝模特兒。如果妳的欲望充滿冒險性，像是成爲電影明星或攀登聖母峰，那麼這個欲望本身可能會使人聞之生畏。

艾華就有個這樣的欲望：她想要跑馬拉松。對於逢人就提這件事，她很猶豫，因爲那雖然一直是她的夢想，但好像不太可能實現。最後，她終於鼓起勇氣告訴她的近親好友她希望做的事，心裡知道他們會認眞看待她而且會鞭策她實現。

現在她不再逃避自己的目標。一旦她告訴朋友她正在做四十二公里長跑的訓練，她就不能在覺得無聊或想要放棄時就放棄。她必須督促自己，不然就得公開領受失敗和難堪。藉由告訴朋友和親人她正在做訓練，艾華不但追隨了自己的欲望，而且她也承認它的存在並準備接受他們的支持。

那麼做很嚇人，也很令人爽快，但是當她跑過終點線，她的一小群啦啦隊在跑道旁邊歡呼時，那麼做是値得的。

第三種生活態度

坦承欲望

第 15 章

接受樂在工作所賺的錢

Receive Money for Work You Love

利用接受法則，把更好的工作帶入妳的生命中如果妳不喜歡自己的工作，應該去探索換工作的可能性，就算妳認為絕對找不到比現職更好的工作也一樣。利用接受的法則，亦即說出妳的欲望、接受幫忙、承認妳的天賦和表達感激之情，把更好的工作帶入妳的生命中。優秀的接受者知道自己的天賦和才華是什麼，而且不怕照實說出或因此得到報酬。

不一定要吃苦才能成功

我們的工作在哪裡，就讓我們的快樂隨之而去。

——特士良（Tertullian）

當妳的工作讓妳不快樂時，那表示某件事出差錯，需要改變。或許妳的工作不能讓妳的天分和精力充分發揮；也許環境不再適合妳；也許那是一個有趣的工作——對別人來說；或許妳想要強求不適合妳的事物。

我格外了解最後那一項，因爲我一直在強求不適合我的事情。我曾經在做過大約一個星期的貸款專員之後，就大叫著衝出那棟辦公大樓。又有一次我決定做一個電腦軟體教師，卻收到一封學員罵我的信——我真的教得很不好。另一回我接受一份有賺頭的工作，負責撰寫如何向故意賴帳的人催收汽車帳款的指南，結果讓我很沮喪。那些工作沒有一個適合我，雖然看起來好像很明顯，但我當時眞的一點概念也沒有。

那是因爲我以爲，必須工作意味著必須能吃苦。

我當時以爲，就算很怕寫技術指南或教人怎麼用最新版的PowerPoint，也不會有什麼差別，因爲它本來就是而且一直都會是苦差事。不知是何緣故，我在成長過程中接收到了「爲生活而工作意味著必須吃苦」的這個訊息，或許是因爲我認識的每一個成人都很討厭自己的工作，他們是因爲必須付帳單才去工作。

一旦我把薪水加在上面，本來很享受的活動就會變得讓人很不快樂。還記得我擔任過主唱的那個搖滾樂團嗎？我以爲在觀衆面前站在舞台上又唱又跳，還有樂手在我身後彈奏我寫的歌，是一件很好玩的事。事實也是如此，直到我讓它變得無法忍受。我逼樂團遵照嚴格的彩排和表演時間表而造成了那樣的結果。我們一直演奏到累倒爲止，然後又重新開始。隨著精力耗盡、怒火上升，我們的演奏走音，而且靠著做我們熱愛的事情賺錢的整個目標也走入歷史。

一直不斷督促樂團似乎讓我更認眞看待它，但卻沒有讓我們更成功。事實上，反倒造成樂團解散。

我私底下相信，「吃得苦中苦，方爲人上人」，否則我們不會成功。對我來說，如果每一個地方的電台沒有播放我們的唱片，光是開心沒有什麼好處可言。我們不可能不當一回事，只想玩一玩，就期待能上遍每一個地方電台。但其他團員對利用樂團賺錢不感興趣，他們想要演奏是因爲他們熱愛演奏，當我讓它變得令人厭煩時，他們就沒興趣了。

不幸的是，當時我對生命中的樂趣承受力不高，我以爲我應該要吃上一定程度的苦頭——尤其是我因工作而賺到錢的時候——也以爲樂團會幫助我賺取每天的麵包。這向來是我覺得自在而且熟悉的信念，如果我因某事得到金錢，我一定要吃苦。

我告訴自己，當下的那種犧牲將會在未來我們成功的時候得到報償，「屆時」我們就會樂在其中。

玩耍也能賺錢

你成功的機率與你從你所做之事得到的樂趣成正比，如果你痛恨某個工作，便要直接面對這個事實，然後脫離。

——麥可．寇達（Michael Korda）

但願我當初知道如何享受玩樂團的樂趣，而不讓它變成苦差事。這樣一來，不只它會變得比較好玩，我們可能也會比較成功，因爲一個樂在其中的樂團比較吸引人，表現也會比較好。

世界上報酬最高的一些人是從玩耍當中賺取生活所需，他們玩的是音樂、棒球、籃球、網球或西洋棋。我認識的一位房地產投資人告訴我：「我的工作其實就是玩大富翁。」有一份研究顯示，成爲億萬富翁的人與（只是）百萬富翁的人之間最主要的差別是，億萬富翁「熱愛」他們的工作。換句話說，金錢上的成功會追隨對於樂在工作具有高度耐受力的人。

所以，這跟接受有什麼關係？爲了能夠熱愛妳的工作，妳必須願意接受因爲做妳喜歡做的事而得到的金錢。我們每個人都有某種我們應該與全世界分享的天分，如果妳沒有找到能運用那些能力的工作，妳就是在拒絕而不是分享自己的天賦。當妳埋沒自己的才華時，妳就是在妨礙自己接受。留在一份不吸引妳的工作上，會阻撓妳接受妳應得的金錢上的成功、肯定和滿足。

貝琪就是一個例子，她是一個除了下班時間之外一直埋沒個人才華的女人。她是一位朝九晚五的行政助理，在晚上卻會做非常漂亮的手工飾品。雖然她的朋友跟她說過，他們覺得她非常有才華，並鼓勵她嘗試以此謀生，但是她卻沒有在這方面採取任何行動。

反之，她繼續做她痛恨的工作，而那卻不適合她的創作才華。只有她的朋友才知道她做的那些美麗首飾，全世界可能永遠不會知道，如果她把工作時間投注在她熱愛的事情上，她會創作出什麼樣的藝術作品。眞是可惜。

守著不合適的工作，會阻礙妳得到合適的工作

工作是我們讓它變得更好，進而讓我們自己也變得更好的事情。

——瑪雅．安潔羅

我認識一位在工作中看過一大堆不快樂病人的治療師。當她建議他們考慮換工作時，他們異口同聲說：「喔，要是換另外的工作，我絕對賺不到一樣多的錢。我很幸運因爲我的老闆喜歡我，我才能爬到這個位置。如果我辭掉這個工作，我絕對不可能有這麼好的境遇。」

聽到那麼多人不喜歡他們報酬豐富的工作，但也認爲他們絕對不可能換工作之後，那位治療師想出了一個計畫。她開玩笑說她要開始進行循環賽，要求每一個工作不快樂的病人跟她的下一個病人互換工作，看看他們會不會比較喜歡新的職位。「我希望能夠讓每一個以爲他們擁有全世界絕無僅有的工作的人看到，其實工作多的是，甚至還有更適合他們的工作。」

每次妳以爲某個東西是不可取代的時候，妳就會緊抓著它不放。當妳那樣緊抓不放時，就沒有空間打開妳的手掌心，接受更好的事物。比方說，當

別人告訴妳有個職缺或培訓計畫時，妳可能會忽視它，而不是去打聽一番，因爲妳認爲妳絕對不可能找到能跟現職相比的工作。

緊抓著某個東西不放，阻礙妳接受其他東西，因爲妳的拳頭緊握著妳非常重視的事物。但是那件事物，我們就說工作好了，如果從一開始就不適合妳，那麼不計代價地抓著它實在沒什麼道理。

然而我認識很多這麼做的女人。

我自己也曾經如此。

接受有助於轉行

所以，妳該怎麼做才能擺脫不適合的工作，但又不會破產或負債？就和其他事情一樣，在妳的工作生涯當中，想要接受妳想要的東西，就要說出妳想要什麼，就算妳無法明確指出也一樣。一開始至少先跟妳自己說：「我想要更好的工作。」

因爲妳能承受多少，事情就會變得多好，所以不妨考慮更明確地表達妳的欲望，像是「我想要在百老匯的歌舞劇裡跳舞」或「我想要辭職在家帶小孩」。我知道這聽起來好像是一小步，實情也的確是如此，但是沒有它的話，妳不可能改變。既然已經鬆開了不合適工作的束縛，那麼其他的機會就有進入妳生命的空間。

至於談論現在的工作，別忘了感恩的力量。要說「我很幸運能有那麼優秀的同事和豐厚的福利」，而不是「如果老闆不那麼獨裁的話，我可能不會想要逃離那個地方」。

接下來，考慮接受愛妳的人給妳的幫助。我的一個朋友想要換工作，雖然每天通車兩小時讓她疲累不堪，但她卻沒有寫履歷表的動力。我提議幫她寫履歷表，但她婉拒。「我就是得自己動手，妳一點都幫不上忙。」她告訴我。或許她說的沒錯，幫別人寫履歷表不是件容易事，但她要是同意讓我過來幫忙，光是知道我人在路上，可能就足以激勵她開始著手進行積壓已久的事情。有人陪妳一起腦力激盪又傷不了妳一根寒毛。我的朋友仍然沒有更新那份履歷，還是每天過那種折煞人的通車生活。

即使沒有人「提議」要幫妳寫履歷或把妳介紹給業界熟人，妳也可以要求擁有妳想要的東西的人給妳幫助或建議。當妳請他們給妳建議時，大部分人都會覺得受寵若驚。就像妳要求別人給妳照顧小孩或感情上的建議時，「你能不能給我工作方面的建議？」這句話也附帶了「妳在那方面好像很有本事，我讚賞妳的成就和聰明才智」的涵義。誰不想要幫助一個欣賞自己的人呢？

讓每個人知道妳的天分

當愛和技巧互相合作時，一定會創造出傑作。

——約翰・魯斯金（John Ruskin）

當妳眞的跟別人談到轉業或是想找比較好的工作時，妳要承認自己的天賦，就算妳不確定它們跟新的事業有何交集也一樣。所以不要謙稱妳沒什麼成就，而是要表明妳的考績爲何完美無瑕、妳的部門爲何更有效率、妳如何激勵妳的團隊超越銷售目標，或是妳如何創造出得獎產品。即使妳不確定那要如何應用在謀生上，妳也可以告訴每個人，妳知道自己對布料與家具的搭配眼光很好、妳對於兒童的發展很有熱誠，或妳駕駛帆船的技術很好。

莘西雅不確定她想要什麼，但她知道她一定要擺脫壓力很大的護理工作。她一開始先承認自己的天賦。她會說：「我是個很好的傾聽者，我的工作就是傾聽並激勵他人。」起初，她根本不知道那個特質怎麼可能幫她賺到汽油和麵包，但她緊跟著自己的直覺，相信她善於傾聽和激勵他人的能力和欲望，會在她的新事業扮演一個角色。她告訴每個人，她知道自己的能力何在，也相信它會在她的下一個工作上扮演重要的角色。

有個朋友建議她探聽一下擔任個人輔導師的可能性，當莘西雅了解到成為輔導師的條件是要經常傾聽並激勵他人時，她越來越興奮。莘西雅減少在醫院的工作時數，開始試探如何將傾聽變成一份事業。起初，莘西雅免費為她的朋友提供服務，藉此測試自己的能耐和累積一些經驗。今天，她是一位成功的個人輔導師，傾聽人們的問題，然後慢慢地引導他們改變。找她做諮商的人很滿意她的服務，也很樂於支付豐厚的報酬。

如果莘西雅當初不承認自己的天分，她就不可能有那樣的轉變。不妨考慮一下，如果妳承認自己的天賦、才華和成就，妳也可以和莘西雅一樣，從做妳自己熱愛的事情當中謀得優渥的生活。

如果妳熱愛妳所做的事，那妳這輩子一天都不用工作

被美麗的事物環繞對人類這種生物的影響很大，創造美麗的事物則影響更大。

——夏綠蒂．柏金斯．吉爾曼（Charlotte Perkins Gilman）

另一種承認個人天賦的方式是，當妳運用妳的天賦帶給他人助益時，妳願意接受金錢。錢是我們衡量價值的一種方式，當妳拒絕因妳的才華而得到的報償時，妳等於是說它沒有價值。

我以前之所以這樣做的一個原因是，我把工作和單調沉悶畫上等號，把寫作或唱歌這些事和好玩有趣連在一起。如果我寫了什麼，我以爲我不應該拿太多錢，因爲寫作並非困難或不愉快的事。

我現在了解到因爲做了易如反掌的事而接受金錢，沒有什麼不對。那是接受因爲妳的天賦而得到的報酬，爲什麼不收下呢？工作不一定會很難，反而可能很有趣。如果妳相信汽車保險桿上印著「再順利的工作之日也比不上無魚上鉤的垂釣之樂」的這類標語，那妳可能不會這麼想。但我的經驗是，

報酬豐厚的事情也可能很有趣，甚至很容易。

琳達從事景觀設計工作，一個朋友問她，請她設計一個花園，她會收多少錢。她很想說：「如果妳自己付植物和材料費的話，我一毛錢都不收。」她的理由是，因爲她喜歡園藝，也愛她的朋友，況且她已經有一份足以維生的工作，所以她可以把她的服務當做禮物相送。但她不想要貶低自己，所以她決定至少要提出她認爲她的服務應得的價碼。她告訴朋友：「一般而言，我的景觀設計費是美金三百元，另外裝置費是八百元。至於妳，我只收一百元，條件是妳要做一頓義大利千層麵請我吃，並且幫忙種花。」

當別人要求妳做妳擅長的事情時，就算妳平常不是拿它當生財工具，妳也應該開個價錢給她，讓她知道妳的天賦有多少價值。稍後，如果妳決定贈送妳的服務，妳還是可以這麼做，但首先妳要確定它的價值。否則，妳的訊息會附帶以下的涵義：「我的園藝天分一點都不特殊，也沒什麼價值。」妳輕視自己的天賦。

當然，如果別人提議付錢請妳做妳平常不收錢的事情時，妳可能會不確定應該如何回應。如果妳當時不知道的話，不妨說：「讓我想想看，然後再告訴妳。」

當我衡量我在世界上的價值時，我比較喜歡好好思考一下，這樣我不會錯誤地低估了我自己。重點是，要接受妳運用自己的天賦帶給他人助益的金錢報酬。

接受還有一種能在工作上驅策妳前進的方式：當妳開始在生命中的每個領域練習接受時，妳的自尊會因爲妳相信妳聽到的讚美而提升。而且，妳在金錢上的價值將會自然而然跟著妳的自信一起增長，因爲別人會認爲妳有資格得到更多。

第四種生活態度
勇於道歉

第 16 章
承認錯誤，
並為該負責的部分道歉

Admit That You Goofed

and Apologize for Your Part

認錯以示負責，別人就沒有批評的餘地

一個溫文有禮的女人會認錯。

承認錯誤必須要勇敢和謙遜。為錯誤辯解會孤立妳並妨礙妳接受諒解，因為辯解和諒解無法並存。所以，就算妳覺得短期內的失多過於得，也要對認錯抱著積極正面的態度；長期來看，妳將會得到更多諒解、接納和恩惠。

先從下一次妳犯錯時開口道歉開始吧！那可能包括從打斷他人講話、忘記某人生日到造成關係破裂之間的任何事情。

當妳表達歉意時，不要說「但是」和「如果」這種話，藉此為自己的錯負起百分之百的責任。說「傷了你的心，我很抱歉」是負責任的態度，但說「如果傷了妳的心，我很抱歉」卻不是。

優秀的接受者會負起責任

當某件事出錯時，我是第一個認錯的人，也是最後一個知道出錯的人。

——保羅・賽門（Paul Simon）

我以前認爲我要是認錯的話，別人會當我是一直在犯錯和得罪人的人，但事實正好相反。我從認錯當中贏得信任，因爲別人看到的我是個有責任感的人。

我記得我是在剛開始帶領工作坊的時候學到這一課。我的學員中有一個女人蕭娜私底下告訴我，下一次聚會她會很難熬，可能會在課程當中從頭哭到尾。我安慰她說，在工作坊的課堂上哭泣沒有關係，並告訴她我很欣賞她的誠實和勇氣。

學員中的另一個女人瑪德琳也有同樣的擔憂。我告訴她：「別擔心，蕭娜說她下一次聚會可能會像噴泉一樣淚流不止，所以妳不會落單。」然後我繼續跟她說，蕭娜和她丈夫已經有好幾年沒有性關係。

我設法讓瑪德琳覺得自在一點，但在那個過程中，我卻透露了蕭娜個人的私事細節，對此我本來應該保密。那一週瑪德琳意外遇到蕭娜，提起了這個蕭娜以爲只講給我聽的話題。想當然耳，瑪德琳知道她生命中的私密細節，讓蕭娜非常難過。

此外，她對我粗心大意地背叛了她的信任氣得七竅生煙。

當我下一回跟蕭娜談話時，她當面質問我這件事。發覺自己的所做所爲時，我內心裡充滿了非常沉重的感覺。我想要逃避。當天晚上我想回家，取消工作坊的聚會。當然，我無處可逃。

「我很抱歉，蕭娜，」我說：「我不應該把妳生命中的私密細節告訴瑪德琳，我平常不會這麼做，而且我也希望這一次我沒有這樣做。我會小心謹慎不再犯這種錯。」我沒有解釋我這麼做只是想讓瑪德琳覺得舒服一點，藉此為自己的行為自圓其說。那樣做只是辯解而已。

蕭娜的心情大為好轉，並謝謝我認眞看待她的擔憂。我本來很確定她從此以後不會再信任我，但讓我訝異的是，沒多久她就告訴我，她發現自己的婚姻之所以缺少肉體親密，根源在於她的不情不願。當我們在討論那個問題的根源時，她甚至透露她青春期的性關係很雜亂。

從此以後我再也不曾粗心看待她的信任。

在這樣一個嚴重的判斷失誤之後，蕭娜怎麼會知道她能夠相信我會保守她的祕密呢？

我負起責任而且感到懺悔，而且那迫使我當著蕭娜的面認清自己的缺失。雖然令人覺得痛苦又卑微，但卻也因此讓蕭娜相信我認眞看待她的感覺，也讓她有足夠的安全感而願意再次信任我。

認錯沒有妳想的那麼糟

生命就像一面公開表演小提琴獨奏，一面在演奏的同時學習這個樂器。

——山繆．巴特勒（Samuel Butler）

當妳願意承認自己犯錯時，妳也是把自己擺在接受諒解、恩惠和同情的位置上。

幾年前我在購物中心與人發生擦撞。當時我經過一個很理想的停車位而決定快速倒車搶那個位置，結果撞上了希爾頓飯店的接駁巴士。

擦撞情形並不嚴重，但是當保險公司後來打電話來，想要查清楚意外的發生經過時，我感覺要是我承認錯在我身上，可能會有麻煩。我不知道是什麼麻煩，但我心想可能會很大。所以當他在訪談最後問我肇事者是誰時，我沉默了很久。我以爲我只有兩種選擇，一種是藉由說謊保護自己，另一種是承認錯在我身上，因而享有不必爲自己辯解的自由，但同時也冒著不知後果如何的風險。

保險調查員問道：「妳還在嗎？」他提議：「妳說妳不知道是誰的錯也沒關係。」於是我就照辦，但立刻爲說謊感到內疚。我感覺好像欺騙了一個熟人，而不是遠在另一州一個不知姓名的保險公司代表。

我爲自己的惡行難過了好幾天。知道我本來可以避免這種揮之不去的糟糕感覺，更加深了我的罪惡感。如果我告訴那個人我違規倒車的話，我就不會錯失本來可以得到的心安。

但我騙不了任何人。幾週後我收到一封信，信上說他們發現錯在於我，而實情也是如此。好啦，我終於說出口了。眞是大大鬆了一口氣！

如果我承認應受譴責，那我就可以免於焦慮煩心。我本來也可以說我很抱歉犯了錯，並請求巴士司機和保險理賠員原諒。我本來可以接受他們的同情和體諒，而那正是電話中那個男人提供給我的機會，也可以得到他們對意外難免會發生這件事情的肯定看法。反之，當我犯錯時卻想要爲自己辯護，而那只會讓我有罪惡感並且覺得自己不值得他人原諒。

最後才發現我不用支付更高的保險費或自負額，所以犯錯的後果根本是零，但我卻把精力浪費在煩惱如何卸責以保護自己免於想像中的懲罰上。這種情形很常見，當我們承認犯錯時的後果通常比我們想像的小多了。

批評妳的人將會無話可說

「負起責任讓妳能夠接受原諒」。一旦妳爲自己的行爲負起責任，別人就沒有任何證明、爭辯或批評的餘地。因爲該做的都做了，沒有人能夠指摘妳，所以妳就能免於成爲衆矢之的。

如果設法否認自己的錯，那就無法接受任何東西，因爲妳採取的是防衛姿態。如此一來不可能有人會給妳禮物，對不對？如果不解除戒心，妳不可能接受任何東西。如果妳穿上盔甲，別人不會想要擁抱妳。就算妳得到擁抱，隔著那一大片金屬，妳也感覺不到什麼。所以當妳採取防衛態度時，妳也一定感覺不到妳身邊的人給妳的同情或支持。

每當娜歐蜜的創作評論小組對她應該如何改善作品提出建議時，就算是最小的建議，她都會激烈反駁那個觀點並爲自己的選擇辯解。這個評論小組當中的其他成員很快發覺到，他們的意見只會引發防衛而不是大方接受，於是就跟大家一樣，他們覺得白費心思而做出的回應是：再也不想幫忙。娜歐蜜似乎無法承認自己不夠完美。她的不負責任讓她無法接受那群人給的任何東西，同時也讓她不受歡迎。

要是娜歐蜜能夠樂於接受，傾聽別人的意見並在私底下默默接受或拒絕，那她不但會得到有價值的指引，也會展現出樂於接受的氣度，如此一來，別人會更願意奉獻他們的精力，協助她成長和成功。她也會因此比較討人喜歡，並且感覺到群體中其他人能夠給她的支持。

已經沒有任何需要爭執之處

當我爸爸超速經過一輛公路巡警車時，他的回應比我好多了。在警官還來不及示意我爸爸停車之前，「他自己」已經把車停在路邊。警官走到車旁，問我爸爸爲什麼停車。

「如果我是你而且有人超車經過我，那我會把他攔下來，所以我想我自己停車，免得你麻煩。」我爸爸告訴他。

「你開太快了！」警官斥責他。

「你說的沒錯，我不應該開這麼快。」我爸爸表示同意。

警官接受這一番告解，只給予警告而沒有開罰單就放我爸爸走。畢竟，我爸爸已經承認他錯了，也表達悔意，所以已經沒有任何需要爭執之處。他甚至因爲自己能夠保持誠信而感覺很舒服。由於他爲自己的行爲負起責任，所以警察很容易原諒他。接受警察的原諒而不是收到紅單，讓我爸爸很高興。如果他等到被攔下來還希望警官沒有發現他超速的話，那他幾乎是非收到罰單不可。

反之，我爸爸完全把自己擺在接受的位置上。

防衛態度對他人可能具有極大的激怒作用。一個人越想要掩飾過失或自圓其說，他身邊的每個人就會堅決想要證明他有錯。當妳堅持爲錯誤辯護時，它會導致妳的友誼出現裂痕。妳不認同的議題開始有了自己的生命，不受任何人控制。這時妳的不負責任已經讓最初的過失「相形見絀」，粉碎了一段關係中的信任和誠正。

爲了亡羊補牢，妳唯一需要做的就是說「我錯了」。

沒有什麼「如果」或「可是」

真正的告解是：在我們說出所做所為的當下，靈魂也跟著一起改變。

——茉德·佩卓（Maude Petre）

當妳負起責任時，是有意爲自己的行爲後果負起責任。妳藉著說出「我很抱歉傷了你的心」或「我很抱歉把牛奶放在流理臺一整晚」的話做到這一點，除此之外什麼都不說。多說什麼通常都只是爲了化解衝突，以免必須眞正負起責任。

如果妳的道歉方式是說「我很抱歉把牛奶放在流理臺上，可是妳以前也做過這種事」，那妳就是在妳的道歉上加掛了一顆炸彈。反擊只會讓另一個人再度升起戒心或發怒。不要分散注意力，只要爲妳自己的錯道歉就好了。

妳可能會很想說「我很抱歉傷了妳的心，可是我覺得妳堅持我們每次放假都去妳家聚會，實在太貪心了」來解釋事情的狀況。但妳猜結果是什麼？如果妳這麼做的話，妳根本不是在幫忙化解衝突。在這句話的前半段，妳是假裝道歉，但在句子的後半段，妳再度傷害了妳表面上正跟她和解的那個人。妳不是眞的在道歉，而是利用「我很抱歉」這句話，就像拳擊手在比賽時故作疲態，以便他能再好好擊出一拳。

結果雪上加霜，妳等於暗中否定了對方的感覺。

這個主題的另一首變奏曲是，假裝妳負起責任而說「『如果』我傷了妳的心，我很抱歉」。由於另一個人已經說出她覺得受傷或難過，因此沒有所謂的「如果」。加上「如果」其實是更進一步的侮辱，因爲除了「沒有」爲妳所說的話負起責任之外，妳還暗示妳說的話應該沒有傷到她，而是她太過敏了。

既然妳注意到這些陷阱，妳就會想要避免在道歉上添加解釋或任何限定詞。爲了眞正負起責任，只要做一件事就好：呑下承認妳犯錯的這顆黃蓮，但如此一來妳將會得到平靜和親密。

爲了達到最佳效果，不要使用任何「如果」、「以及」或「可是」。

認錯是迷人的行為

真相就像外科手術，可能會痛但也有療癒作用。
——韓素音（Han Suyin）

有個住在一座小村落的女人以創作美麗的陶器和地毯聞名。當別人請她透露如何創作出這些美麗藝品的祕訣時，她告訴他們：「我總是故意在設計或圖案上出錯，藉此承認只有上帝是完美的。」不完美非但沒有讓她無法專心創作，反而使她的手工製品更美、更有吸引力。

同樣的道理也適用在妳的過失上。當妳認錯時，妳的錯會讓妳更美、更有吸引力。有一部分是因爲妳的小缺點讓妳更有人性，意味著我們其他人都能夠認同妳並與妳建立連結。另一部分是因爲妳必須要有自信才能認錯，而自信向來都是個迷人的特質。

諷刺的是，剛犯錯時卻是妳感覺最沒有信心的時候。但妳越能夠藉由認錯負起責任，妳就越顯得有自信並因此而變得有自信。那種自信來自於妳知道即使自己犯了錯，妳還是有價值而且值得被愛。

真相是，每個人都做過不好的事。黛安娜王妃之所以深受世人喜歡，有一部分原因是出在她願意承認自己有不好的行爲。這顯示出她雖然貴爲王妃，但卻和我們其他人一樣有弱點。她也做了好事，比方說她的慈善工作，但她承認自己有厭食的問題和婚外情。她與伊莉莎白女王正好是鮮明的對比，後者費心維持完美無瑕的形象，但當她對黛安娜悲劇性的死亡不發一語時，卻失去了人們的愛戴。英國人期望伊莉莎白能夠承認這個巨大的損失和她個人的悲傷以領導全國人民，但她卻不肯顯露一絲一毫的脆弱。越多人大聲要求伊莉莎白發表談話，她越是三緘其口，也越不受歡迎。

或許她只是難以承認自己的錯誤而已。

黛安娜王妃是一位很優秀的女性。伊莉莎白女王也是一位很優秀的女性。兩個人的生命顯然都證明了那位創作地毯和陶器的女人說的沒錯：只有上帝是完美的。至於我們其他人，只有道歉的分。

得到妳自己的諒解

在黑暗中分辨親密的事物容易多了。

——威廉．麥克菲（William McFee）

發現曾做過很糟糕的事，但活下來講出這些事的人最吸引我，而最讓我興趣缺缺（氣餒）的就是那些死鴨子嘴硬的人。那只不過是因爲我自己也做過很糟糕的事。我應該告訴你我曾在一個月內跳票兩次嗎？還是妳寧可聽我說那次我痛罵一個倒楣店員的事？

當然，我很想守住這一切祕密，不讓任何人知道，因爲我不希望別人爲我的過失批判我。但是我也不想獨自守著自己的祕密，因爲它們只會惡化成自我批判和羞恥。比方說，當我做了某件傷害他人的事情時，我會覺得很難過，而且當我把它們藏在內心的黑暗角落時，罪惡感就會越來越深。我的自我批判轉爲超速傳動，想要說服我相信我是全宇宙從古到今唯一一個曾經跳過票的人。

當我對別人承認我做了某件我並不覺得自豪的事情時，我發現我並非異類，其他人也犯過類似的錯。當我的過失再也不是祕密，我就能再次肯定自己，因爲我和每個人一樣，犯了我必須改正的錯誤。聽到他人的缺失提醒我，我們都只是凡人，並有助於我放下對我自己的批判。

道歉給了我兩個機會，一個是讓我解除羞恥的束縛，另一個是看起來更有自信並因此更有魅力。

妳寧願聽到別人最尷尬的時刻爲何，還是她的人格有多高尚？她在學校犯錯被逮到，還是她登上榮譽榜？他被炒魷魚的時候，還是他持續不斷的完美考績？我比較有興趣聽到他人的出糗和出錯，不是因爲我以他們的痛苦爲樂，而是因爲我認同他們的錯誤。

他們的誠實和弱點讓他們成爲可親近、有趣而且可以懇談的人。這樣的人沒有防衛心，他們很眞實。他們學會笑看自己的錯，那樣子很吸引人。所以認錯和道歉不但讓妳內在的感覺比較好，也會讓妳的外在看起來更好。

道歉不用花一毛錢，所以盡量四處散發

就和很多女人一樣，妳可能被教導不要道歉。

這背後的觀念是：在過去，女人完全出於本能地壓抑自己的需要、欲望和意見，以至於她們如果需要像上廁所時間這種基本的事物、想要某個會造成不便的東西，或有不同意見時，她們就會以道歉做爲開場白。如此一來，很多人就說女人千萬別道歉，因爲那樣做壓抑了她們的感覺，並讓她們的欲望顯得無足輕重。

然而，看待道歉的另一個角度是，它們是表現敬意和表達合作精神的一種有力方式。

比方說妳罵一個朋友是大怪胎，因爲她在最後一分鐘取消了妳們兩人去聽演奏會的計畫。現在妳們之間的關係充滿緊張，妳在想她應該道歉，因爲她「的確」放妳鴿子而且她「是」個怪胎。妳可能覺得爲妳侮辱她而道歉會讓妳占下風，而且好像她不守信諾也沒關係似的。但道歉並不會讓妳占下風。「不」道歉才是對妳朋友的輕視；雖然妳會難過和生氣是可以理解的，但妳對她的反應也很傷人。當妳爲所做的事道歉時，妳並不是在說對方沒有應負

的責任，而只是想要把妳該做的事情做好而已。那是表達出對妳來說，妳和朋友的關係比最近這件事更重要的一種方式。

當妳道歉時，妳建立了親密和互相尊重的文化。它讓妳有禮而不是可悲。我們每個人都不可能永遠完美無暇，但是當妳在犯錯後道歉時，妳便重新開啓了通往親密之門。

一個巴掌不會響

我朋友卡拉有個當她想要對方道歉時，如何先自己開口道歉的策略。這不是像「如果我道歉，那她們也會道歉，我就會得到我要的東西」那樣耍心機，而是她檢討那個情況，以便找出她能夠幫忙化解衝突的方法，因爲她知道衝突極少只是單方面。

所以，當卡拉發覺她自己想要對方道歉時，她知道必須先自問：「我做了什麼應該向對方道歉的事？」一旦她弄清楚這件事並且改過遷善之後，她通常會得到對方道歉的回報。藉著找出她在那個情況下有何過失，她不偏不倚地把自己擺在接受改過遷善的位置上。

當妳覺得受到不公平待遇時，妳的衝動是去看別人對妳做了什麼。但妳應該反過來想想妳有可能冒犯她之處爲何。當然，妳不可能逼任何人道歉，但妳可以爲自己所做的事負起責任，進而爲重修舊好鋪路。

我看過一位中學音樂老師的文章，他也有相同的結論。他爲學生的事情難過，因爲在一場他特別安排他們去聆聽的音樂會上，他們不是遲到就是根本不來。他氣炸了，第一個本能衝動是教訓他們和抱怨，但他知道如果他這麼做，他們一定聽不進去。接著他設法說服自己相信那是他們的損失，但這種處理方式否認了他自己對學生付出的感情。他眞正想要的是，孩子們能夠看到他認爲非常精采的表演。最後，他終於自問在這個衝突之中他應負的責任是什麼，而且雖然難以面對，但他發覺自己也應該負起一小部分的責任。

他沒有嚴辭譴責他的學生，反而說：「我很抱歉，在音樂會這件事情上讓你們失望了。我本來是想告訴你們我有多興奮、這是個多麼棒的機會，以及我多麼相信你們會很喜歡那場表演，但我一定沒有表達得很好，所以現在你們大部分人都錯過了那場演出，這件事我很抱歉。下一次，我一定會做得更好。」

學生們被他的告白和脆弱打動了，開始爲了沒去參加音樂會而向他道歉。這位老師非但沒有因爲學生的態度不佳而覺得受傷和生氣，反而發現孩子們對他有足夠的敬意而願意開口爲「他們自己」所做的事道歉。他的班級再度充滿和諧與同窗之愛。

藉由向全班道歉，他不偏不倚地把自己擺在接受學生道歉的位置上。

有些人可能認爲他的行爲是耍心機或意圖讓學生有罪惡感，但他並沒有跟他們說他們很壞或應該覺得羞愧。他不是要他的學生給他任何東西。他負起了他應負的一小部分責任，並不是爲了讓他自己成爲受害者，而是剛好相反，他只是爲他唯一能夠負責的事情，也就是他自己的行爲和態度負起責任。不能多也不能少。

就和我一樣，當妳受到不公平的待遇時，談論妳自己的錯誤和道歉可能會讓妳緊張，但如果妳要的是更有自信、更親密以及更多禮物，那麼除了負起責任之外，我想不出更有效的方法。

坦露妳的過失時，妳也坦露了妳的自信，顯示出妳對自己有足夠的信心，知道一個錯誤不會讓人因此看輕妳，或讓妳因此看輕自己。這種自信的投射是全世界效果最好的美麗祕訣。

第四種生活態度
勇於道歉

第 17 章
放下罪惡感
Give Up Guilt

說句「我很抱歉」，然後將一切放下

罪惡感是一種耽溺。當妳沉浸在罪惡感之中，就不可能落落大方或樂於接受，因為樂於接受的條件是自愛，而罪惡感卻讓妳內心充滿與之相反的自責。因此，為了提升妳的接受能力，要下定決心不再基於罪惡感而做出反應。

只要誠心道歉一次就已足夠，不必為一件錯事一而再、再而三道歉。

藉由放下該話題，在他人一提出原諒時就將它收下。

如果他人不肯原諒，就要避免說出自責的話來原諒自己，諸如「要是我沒有……」或「我真糟糕，居然……」這類的話。用「從現在開始……」或「未來……」這類句子取代迴蕩在妳腦海中的上述對話。

如果妳在收到禮物時有罪惡感，那就提醒自己妳值得擁有美麗事物，並告訴自己拒絕它們，等於是不讓送禮者得到送禮給妳的快樂。

罪惡感就像一直送個不停的禮物

罪惡感使我們受自身最黑暗的部分束縛，與我們的弱點、我們的

羞恥和我們的不可原諒連在一起。我們自己最微小的部分靠它維生，而毫無行動則會讓它日益壯大。當我們有罪惡感時，我們的器量狹小，任由我們較卑微的想法發號司令。

——依莉莎白．庫伯勒．羅斯（Elisabeth Kubler-Ross）

「罪惡感就像一直送個不停的禮物。」這是爾瑪．龐貝克說的話，我完全了解她的意思。

精神科醫師卡爾．曼寧格（Karl Menninger）說過某個男人在芝加哥的某個街角進行一個實驗的故事。那個男人等了一陣子，然後舉起手臂，隨意指著路人說：「你有罪！」他又等一會兒，然後再做一次。曼寧格說這個實驗很詭異，因爲一聽到指控，路人就會先盯著那個男人，然後轉頭看別處，匆忙離去。有個男人轉身對別人說：「他怎麼會知道？」

很多人在表面下都有一直騷動不安的罪惡感。那是因爲每個人都做過錯事，而且我們所有人都一直帶著對自己的批判。但那並不代表妳一定要一直有罪惡感。

在某些方面，罪惡感似乎不由自主。它在無意間湧出，挾持妳的思想。

它會灌輸像「妳是個壞母親」或「妳是個糊塗蟲」這種沒有具體對象的訊息。這些訊息會一再重播，直到妳內化它們而認為自己能力不足為止。或者就像「我不應該對我最好的朋友大吼大叫」或「我昨晚應該去健身房，而不是看電視」這種話的意思一樣，它是因爲妳做了某件妳覺得後悔的事而產生的反應。

但罪惡感根本不是一種感覺，它是一種充滿批判的想法：「妳很壞」。任由那種批判積壓的結果就是罪惡感，一種令人疲勞虛弱、無法動彈的自我譴責。

因爲我們能夠控制我們的思想，所以我們也可以控制自己的罪惡感以及耽溺其中的程度。因此，罪惡感是一種選擇，當我們說我們有罪惡感時，我們眞正的意思是我們決定沉溺在錯誤之中。我們在腦海裡不停地重播那件錯事，把精力浪費在已經結束的事情上，但仍緊抓著負面不放。

如果罪惡感的根源是我們個人的自我批評，那麼我們就會拿出顯微鏡，過度聚焦在我們視爲短處的事情上，目的是讓我們對自己產生不滿。

我自己就有這種經驗。有一次在一個勝負難分的排球比賽中，我移位不當而漏接，送了競爭球隊一分。我當時「非常」氣自己，注意力沒有放在接下一個發球上，反倒還一直在想我剛才的失誤以及我讓球隊失望的事。我充滿了自我批判，在腦海裡執迷地一再重播整個過程。我怎麼會移錯位置呢？我滿懷罪惡感地質問自己。我不應該弄錯的。眞是糟糕。

可想而知，當下一次發球時，我還沉溺在對先前犯錯產生的罪惡感之中，注意力不集中而且心煩意亂，因此傳球失敗。告訴自己我有多糟糕，只是更進一步傷害我的球隊和我自己。

那就是爲什麼罪惡感是一種妳承擔不起的耽溺。罪惡感讓妳陷入泥沼中，而不是思考未來妳可以如何改進或避免重蹈覆轍。當妳選擇罪惡感時，妳就會讓妳自己成爲受害者，一個做錯事而因此抬不起頭的可憐人。妳不會去做有建設性的事，而是變得消極被動。

在妳做了某件讓妳後悔的事之後，從罪惡感轉換到接受原諒的關鍵是，簡單說句「我很抱歉」，然後放下。

妳是自己的大腦ＤＪ

我母親有本事讓任何人產生罪惡感，她以前經常收到素昧平生的人寫來的道歉函。

——瓊・瑞佛斯（Joan Rivers）

幸虧，罪惡感並非不由自主。

妳是自己的大腦ＤＪ，在那裡播放什麼樣的曲目或錄音由妳決定。所以不要再播放讓自己感覺很糟的唱片了。妳可能聽到某些造成痛苦的曲子開頭偶爾會輪流冒出來，但關鍵是不要壓下「播放」按鈕，或者至少不要按「重播」鍵。

譬如，妳突然發覺錯過了姊姊的生日，妳開始給自己一趟沉迷罪惡感之旅。然而沉溺在罪惡感之中對妳或妳姊姊毫無助益，所以妳只要決定停止播放那個錄音帶，把注意力放在對妳辜負的那個人有幫助的事情上即可。

所以沉迷罪惡感之旅聽起來可能像這樣：

「喔，糟了！我忘記姊姊的生日，本來應該送東西給她，或至少打個電

話。我眞是個王八蛋，我是怎麼搞的？現在爲時已晚，我看起來就像個徹底的怪胎。我是一個怪胎。我搞砸了！」（令人厭煩地重複）

縮短妳的沉迷罪惡感之旅，聽起來可能像這樣：

「喔，糟了！我忘記姊姊的生日！本來應該送東西給她，或至少打個電話。眞希望我沒有忘記，現在已經沒辦法在生日當天幫她慶生，但是我可以買張卡片寄給她。這種事難免會發生，希望她能了解。」

在第一種自我對話之後，妳無法非常開放地接受她的諒解。妳怎麼能呢？在妳沉溺於罪惡感時，沒有人插得進一句話。但是妳如果跟自己有第二種對話，妳可能會開放地接受同情或安慰。分辨妳是否沉溺在罪惡感之中的一個好方法是自問：妳正在想的事，是不是妳有力量改變的事情？如果不是，那就是播放新唱片的時候了。

如果妳想的是妳能夠改變的事情，那就改變它，或者接受它的現狀。設法與自己和平相處，否則妳會錯過接受禮物、協助和讚美的機會。

如果道歉是好的，那越多不是越好嗎？

我以前是這麼想。

妳應該聽聽我在幾乎燒掉一個朋友的浴室時，是怎麼樣向她道歉的。我在換上泳裝時，把裙子放在洗臉台上太靠近一根蠟燭的地方；當我們坐在她後院的三溫暖池子之中，那條裙子著了火而觸動了偵測煙霧的警鈴。當然，在火苗破壞了我朋友全新的壁紙並觸動警鈴時，我覺得非常內疚，所以我提議要賠償損失。

我一再說抱歉。我以爲那樣做能減輕因罪惡感而來的痛苦，但卻毫無作用，因爲那樣根本不能讓我朋友就此不用爲了整修浴室而傷腦筋。就算我朋友說「蘿拉，我知道妳不是故意放火燒我家浴室的牆壁，所以我原諒妳」，我可能還是聽不進去也無法放下這件事。我太忙著懲罰自己了。在某種程度上，我相信只要繼續難過下去，就能彌補我的過失。

我不是唯一一個有這種瘋狂誤解，以爲罪惡感具有某種重要意義的人。

麗莎是我婚姻工作坊裡的一名學員。我們談的主題是如何放棄想要控制丈夫的行爲，比方說他的穿著、食物、何時他該倒垃圾等等。我們談的越多，麗莎就變得越尷尬和不安，因為她開始發現她不知不覺間一直在抨擊、貶低她丈夫和削減他的男子氣概。「我開始發現自己很愛控制人，」她告訴我們：「這讓我感覺很糟。」麗莎跟我們說，在他們十年的婚姻當中，她對丈夫說過的那些嘮叨、輕視和不尊重人的話從來沒有停過。她覺得非常後悔和內疚。

有了全新的觀點之後，麗莎回到家為這些年來的惡習向她丈夫道歉。她丈夫布魯斯很感謝她真心的道歉並說：「妳沒有那麼糟啦。」但麗莎堅稱她很惡劣並要求丈夫原諒她。布魯斯很快回答：「我原諒妳。」當時他可能希望結束對話，因為看到自己的妻子由於悔恨的痛苦而不自在，對他而言並不是一件賞心樂事，而且他也不想要改變她輕視或貶低他的那段過去。

布魯斯想要能夠原諒自己的妻子，然後繼續過下去，享受她的陪伴而不是看著她譴責自己。他建議兩人一起玩填字遊戲，但麗莎想要多談一下她有多難受、她現在有多了解自己錯了、她多後悔自己的行為。最後布魯斯終於走去看電視，所以麗莎打電話給一個女性朋友，告訴對方她有多難過。後來她又跟布魯斯道歉了幾次。

或許麗莎在某種程度上也相信，如果她沉溺在錯待丈夫的悔恨之中，那她就能為自己的惡劣行為贖罪。但麗莎的行動效果勝過於她的言語。當她丈夫設法給她某個珍貴的東西——原諒時，她沒有多爲丈夫設想，反而一再草率打發他。

或許她覺得除非她大張旗鼓一番，否則沒有人會相信她眞的後悔。也可能對她來說，感覺內疚比必須改變行爲容易些。但她的不舒服對誰都沒有幫助。事實上，一再叨唸她以前有多惡劣會讓她身邊的每個人，包括她丈夫在內，爲她令人不快的自我抨擊感到痛苦。麗莎對罪惡感的回應方式完全以自我爲中心，那樣做一點都不吸引人。到頭來布魯斯非但得不到妻子的尊重和注意，反而覺得厭煩，因爲她完全聽不進他的話。最糟的是，麗莎錯過了接受她丈夫慨然原諒的機會。

眞可惜她沒有乾乾脆脆地收下他提供的東西：沒有任何附帶條件的諒解。我常常看到人們耽溺在可怕、煩悶的罪惡感之中，彷彿它能減輕他們冒犯的那個人的痛苦。

所以我們來修正一下那張唱片：罪惡感對任何人都沒有好處。罪惡感無法阻止妳做出不好的事，但妳的道德感或有時候害怕受懲罰的心態卻有這種效果。因罪惡感而畏縮既不能蓋房子，也不能治好病人或幫妳保暖。

罪惡感是精力的極大浪費。

除了讓妳很不滿意自己之外，罪惡感也很不吸引人，因爲它會造成自己沒價值和不安全的感覺。當妳深受罪惡感折磨時，妳無法接受任何東西，尤其是原諒。

在那場勝負難分的排球賽中，我一連犯錯兩次的經驗就是如此。我沒有把它拋在腦後，回去享受球賽，而是突然覺得自己不配擔任球隊的一員。我擔心其他球員會對我感到失望，其實她們可能根本沒有想到我。我突如其來的不安全感一定和我的自我批判而不是我身邊的那些人有關。但缺乏自信顯現在我的球技、表情和姿勢上。

沒有人想要跟一個過度自我懷疑，以至於需要一再安慰才能停止焦慮感的人在一起。那樣子肯定一點吸引力也沒有。

道歉的話說一次就夠了

大部分的罪惡感出自於我們感覺自己擁有大過於實際的影響力。

——丹．戈特利布（Dan Gottlieb）

不管妳的過失有多嚴重，如果對方要原諒妳，一個優秀的接受者會把它收下。不這麼做就是縱容妳的罪惡感——也就是說妳很壞的那些聲音——而不是選擇從那個正在說「我原諒妳」的人身上得到親密、信心和溫情。

如果妳在某人已經原諒妳「之後」道歉，那表示妳不是沒聽到他的話，就是妳沒有接受他的諒解。不然的話，妳根本不必一再道歉。

如果任由罪惡感妨礙妳接受原諒，那妳永遠無法了結此事往前邁進。不妨想想以下這件事：當妳繼續要求原諒時，妳其實是希望妳已經傷害的人能夠讓妳覺得好過一點。

當替卡拉設計一份重要手冊的自由工作者打電話來，說他沒辦法接這個他本來已經答應接的案子時，她的情形就是如此。卡拉既生氣又失望，因爲她知道他在最後一刻才改變主意會害她要工作更久，收集更多履歷以便盡快找到人。

「我眞的很抱歉，造成這種不便，」那個美編道歉說：「我希望妳不會生氣。」

「謝謝，我接受你的道歉。」卡拉嘆口氣說。

「我眞的很抱歉，」他又說了一次：「我希望這件事不會對妳造成任何的困難。」

「它的確會造成難題，」卡拉直截了當地說，心裡想著截稿日已經逼近的壓力。

對方道歉好幾次之後，卡拉終於說：「我能說的都已經說了。」然後掛上電話。

「我很清楚感覺他想要我告訴他沒關係，以減輕他的罪惡感，但事實上卻是有關係。」卡拉告訴我：「我立刻接受了他的道歉，所以一再道歉讓我覺得他在纏著我，要我照顧他的情感需求，我可沒有興趣這麼做。」

換句話說，他想要那個他已經傷害，並且會因爲他不守信諾而受害最深的人來安慰他。當道歉的次數超過一次時，另一個人的感覺就像這樣。

雖然妳偶爾可能很想爲某事一再道歉，但一次眞的就夠了。一個有自信的女人知道她的話說一次就夠了，但就算妳的感覺不一定每次都是如此，妳也可以表現得煞有其事。這種「先裝裝樣子直到妳能表裡如一爲止」的方法，是以控制道歉過度爲原則，也就是說，即使罪惡感在妳心裡肆虐，讓妳很想一再道歉，妳也要自制，只說一遍妳很抱歉就好。如果妳道歉的對象還是在生妳的氣，或不肯原諒妳，那麼這麼做可能會格外痛苦。發生那種情形時，我會嚴重坐立難安，因爲我急著想要和解，以便減輕——妳不用想也知道——我的罪惡感。我以爲得到另一個人的原諒，會讓覺得好過一點，但那件事卻不在我能控制的範圍裡。唯一能減輕我的罪惡感的人就是我自己。

當然，能得到原諒會讓人鬆一口氣，但妳強迫不來。妳可以問對方：「你會原諒我嗎？你還會喜歡我嗎？」如果答案是不，那妳還是可以原諒妳自己。至少妳知道妳已經盡了自己的義務。其他的不在妳能掌控的範圍內。

妮娜之所以發現了上述的道理，是當她開車轉過街角時，不巧鄰居的狗突然跑到街道，妮娜當時沒有時間反應，那條狗當場被撞死。鄰居很難過是可以理解的，而熱愛動物的妮娜也是一樣。妮娜爲這件意外向鄰居道歉，但鄰居板著臉走開。接下來就看妮娜願不願意原諒自己了。

她走進屋子，爲自己沖了一杯熱可可，然後大哭一場。她提醒自己，她不可能避免撞上那條狗，以及那只是個意外，雖然是悲劇沒錯，但並非不可原諒。那件事之後她眞心誠意對待鄰居，但從來沒有再道過歉，因爲她知道一次眞的就夠了。

懺悔是改變的肇因

> 不要因為想到你自己的不完美而失去勇氣，而是要立刻著手改正，每天重新展開這份工作。
>
> ——薩爾的聖法蘭西斯（Saint Francis De Sales）

罪惡感不僅不能幫助妳彌補任何事情，反而會阻礙妳面對眞正的問題，而那個問題就是——有某件事需要改變。而且需要改變的可能就是妳。

罪惡感不會讓妳改變，只會讓妳討人厭。

妳並非在面對問題並計畫下一次如何表現得更好，妳只是在呻吟而已。

透過行動補償總是能克服罪惡感的消極、被動，提升妳和那些被妳冒犯或傷害的人在情感上的連結。不要一再爲妳的過失道歉，而是道歉一次並把剩餘的精力放在懺悔或接受上。

懺悔意味著妳眞的爲自己犯的錯感到抱歉，而且妳不得不因此改過遷善。比方說，如果一直遲到讓妳感覺很糟，妳就會刻意努力準時，補償過去等過妳的那些人。如果妳把廚房弄得一團糟卻留給妳的室友清理，那妳會發誓未來要立刻清洗自己的碗盤。如果妳讓所愛的人難過，那妳可以重新表明妳對他的關愛和情意，讓他安心，藉此證明妳眞的懺悔。

選擇懺悔而非罪惡感意味著妳只說「我很抱歉」，然後做必要的改變，以避免重蹈覆轍。如果另一個人已經接受妳的道歉，但妳還一直不停地談妳的罪惡感，那妳就是不接受對方的原諒，妳就是把原諒這份禮物往門外推。到頭來，妳將會傷害到妳和另一個人之間的親密。

第四種生活態度
勇於道歉

第 18 章
接受道歉
Accept Apologies

學習尊重自我的價值，妳有資格得到他人的善待當別人向妳道歉時，不要插嘴。容許她清晰表達她的想法，然後謝謝她並告訴她妳接受道歉——如果妳真的接受的話。如果妳還在生氣或感覺其中還有懸而未決的事情，那就謝謝對方想要補償的用心並冷靜和清楚地告訴她，妳還是很難過。

要留意人們通常會很快回答「別擔心」或「沒關係」打斷對方，而草草打發掉對方的道歉。此外當妳還沒說完，別人就把妳的道歉打回票時，妳心裡的刺痛不管有多輕微都要留意。

如果妳感覺人們通常不向妳道歉，那就退一步問問自己是否不假思索地說出「不要緊」，而在無意間拒絕了他們的歉意。那等於是阻止他們道歉。妳打斷他們說話並阻止自己接受他們的善意。接受道歉的第一步是認清妳有資格領受道歉，以及接受補償將會助長妳和他人之間的連結，那些人包括妳的丈夫、同事，甚至巴士司機在內。親密會從道歉中滋長，因為它們要求妳接受他人的溫情並對他們坦承妳的脆弱。

當妳學會說「謝謝，我接受道歉」時，妳鼓勵他人以尊重的態度對待妳並向妳道歉，因為他們心裡知道妳會接受而不是草率打發它。

客套的高昂代價

女性社會是禮貌的發源地。

——歌德（Goethe）

女人是客套專家。

客套防止了家庭中和朋友間的摩擦和爭執，而且具有安慰作用。然而，在匆匆忙忙了結因不愉快或有殺傷力的互動而引起的緊張時，我們卻拒絕了對方的道歉，因此也拒絕了我們想要和解的那個人。

我的意思是說：譬如妳正要跟一個朋友吃午餐，但她遲到了。妳可能開始懷疑自己記錯日期或地點，妳可能擔心她是因爲出了意外而遲到。等到她出現時，妳可能覺得鬆了一口氣，因爲妳沒有記錯時間和地點，而且她也平安無事。但妳也有點氣惱。

難道她不尊重我的時間以及我很忙嗎？妳可能會這麼想。不過，妳的朋友對於沒有準時跟妳碰面充滿歉意，而且一再說她很抱歉。有可能妳決定「客套」一番，假裝啥事也沒。那時妳會揮揮手告訴她「沒關係」，想把整個問題拋在腦後。妳甚至可能在她致歉時打斷她，要她別放在心上。畢竟，如果妳和很多女人一樣，那妳當下的用意是結束緊張狀態。妳想要和她一起享用午餐，而不想要絮絮叨唸妳受傷的感覺或是她的罪惡感，因爲那樣做太不舒服了。

妳也希望她喜歡妳，知道妳了解客套的用意。對大部分女人來說，包括我在內，客套眞的很重要。

但是當妳說「沒關係」、「別擔心」或「沒事」時，妳其實是拒絕妳朋友的補償而且不尊重妳自己。在她的道歉中隱藏了一個訊息：「妳的時間很重要，我很後悔讓妳等我，請接受我的道歉。」拒絕道歉等於是散發以下的訊息：「讓我等沒有關係。」第二次道歉可能是她想藉此表達「不，妳的時間很重要，我『眞的』應該爲了我浪費妳的時間向妳道歉」。繼續拒絕那些話等於是不理會她。妳不只是打斷她和輕視她所說的話，同時也是反駁她認爲妳是一個値得用心對待和尊重的人這個看法。

拒絕她的道歉，妳就是在拒絕「她」，而且也是貶低妳自己。不管多小，拒絕絕對不會讓人感覺很好，而且笨拙的拒絕永遠都不會吸引人。所以拒絕她的道歉非但不能息事寧人，反而讓妳和朋友之間的裂痕更形擴大。

排練妳的接受演說

就像草率打發讚美一樣，拒絕道歉也會傷害人際關係中的親密，並透露出妳缺乏自我價值感。彷彿妳是在說「當妳辜負我的時候，不必跟我道歉，因爲我不是那麼重要。就算我在某些方面受到不公平的待遇，我也不希望妳難過或必須補償我」。那是自尊心低落的一個訊息。

因此，一個自尊自重的女人會先用簡單一句「謝謝」回應對方的道歉。如果她準備接受道歉，那麼她也會照實說。

我會用以下的話來表達：「謝謝妳這麼做，我接受妳的道歉」或「我很感激妳這麼做，我接受妳的道歉」。這種接受方式展現出自信，因爲它顯示了妳知道妳值得他人用心體貼地對待妳。

當別人向妳道歉時，妳說「沒關係」等於是說「妳不必擔心妳浪費我的時間，因爲我的時間不是那麼重要」，或「我不會難過妳忘記我的生日，因爲那又不是什麼特別的日子」。沒有一個自信的女人會說那種話，因爲她對自己有足夠的肯定，所以她知道自己的時間很珍貴而且她的生日很特別。

當我第一次注意到我在拒絕道歉時，我發誓要停止說「沒關係」，並開始在別人說很抱歉時開口道謝。起初，我做得並不自然。我得到對方的道歉，但在我還沒意識到之前我就已經說出「沒問題」。最後，我終於記得要接受道歉，但我發覺光說謝謝不足以結束對話。等我主動讓對方知道我不但收到道歉也接受了道歉時，對話才算了結。

在我和一個過了好幾天才回電話給我的朋友談話時，我發現了這一點。他一再道歉，我讓他講完之後才說：「謝謝你的道歉，我本來以為你出了什麼事。」我已經準備要往前走了，但他又再次道歉，所以我再謝他一次，想要談別的話題，但我知道那件事感覺尚未了結。

在稍後的對話中，他說：「所以妳接受我的道歉嗎？」而再度提起這件小過失。我一說出「對，我接受你的道歉」，我們兩個人才感覺對話已了結。光是知道我聽到他的道歉是不夠的，我朋友想要確定我已經不生氣了，我心裡沒有任何不滿。在他聽到我不僅收到也「接受」他的道歉之前，他並不覺得我們的關係沒問題。

先收下，然後再接納或拒絕道歉

寬恕不能改變過去，但卻能擴展未來。

——保羅・波伊斯（Paul Boese）

如果妳有草率打發道歉的習慣，當妳初次練習接受道歉時，妳可能會覺得很不自在。那是因爲接受道歉讓妳覺得脆弱。

在「謝謝」某人跟妳道歉時，妳承認了對方應該道歉；妳承認了某方面妳覺得受傷或被人等閒視之，而這麼做等於是承認妳有弱點。

當我接受一個不回電的朋友道歉時，雖然簡略但我等於是在說：「當你三天沒有回我電話時，我覺得被忽視和傷害，我怕我在你心目中並不重要。」這是一個非常溫和的訊息，然而把它表達出來顯示了我是凡人以及我夠勇敢和堅強，願意揭露我的痛處。那就是卸除心防、坦承脆弱。我大可以用「沒關係，算了吧！」草草打發他的道歉，假裝我不脆弱。但那並不眞實且對我們的友誼也沒好處，因爲坦承脆弱是讓我能夠與他人連結的要件。

道歉的那個人也是在坦露「他的」弱點。他是在說「我承認我錯了」或「我是個不爲他人著想的混蛋」。如果妳也以溫柔相待，那它自然會讓你們之間形成愉快的連結。所以現在你們兩人都卸除心防、坦承脆弱，也就是妳承認妳受傷、他承認他有錯。當兩個人都坦露弱點時，彼此都知道對方信任他。那是一種榮幸，並不是每個人都能夠給妳這樣的榮幸。

並非所有的道歉都能被接受

妳正處在一個當場被捕的小偷位置上，他為偷竊行為感到抱歉，但為自己即將坐牢更是覺得非常、非常抱歉。

——電影〈亂世佳人〉當中白瑞德對郝思嘉說的話

當妳接受一個道歉時，妳正在暗示妳沒有不滿或任由受傷的感覺日益累積。妳說的是，妳了解道歉者只是個凡人，而且那個傷害並不會危及你們的關係。那跟妳說「沒關係」很不一樣，後者是假裝啥事都沒發生。

一個有自信的女人不會草率打發別人的道歉，但她也不會不假思索地接受。反之，她會表達自己在當下的感覺，以示對自己的尊重。

當妳因爲某件妳尚未釋懷的事而得到一個道歉時，妳可能很難接受那個道歉。妳可能很想藉由拒絕他的和解，來懲罰那個待妳不公的人。雖然沒有任何落落大方拒絕他人道歉的方式，但是，妳可以在還無法釋懷時「延後」接受道歉。

譬如，妳可以說：「這件事讓我很難過，雖然你的道歉我心領了，但是我需要一些時間才能釋懷。」妳並未拒絕對方想要提供的道歉或親密，但妳也尊重自己的感覺，那是維持自尊心以及有自信或看起來有自信的一個重要部分。在這種情況下，妳會想要稍後跟那個人聯絡，告訴他：「我想讓你知道，我接受你的道歉。」藉此修補你們的關係。

有時候妳必須「拒絕」道歉才是尊重自己。比方說，如果妳的男朋友爲第 N 次放妳鴿子向妳道歉，一個自尊自重的女人一定得拒絕他的道歉，因爲它不可靠。拒絕他的道歉意味著拒絕妳和那個男人之間的親密，進而讓一個善待妳的男人有機會接近妳。

凱伊和韋恩的情形就是如此。他們已經訂婚好幾年，但凱伊一直無法說服韋恩敲定結婚時間。內心深處，她知道他絕對不會娶她，他之所以買戒指給她只是為了延長關係，而不用許下真正的承諾。當她的一些女性朋友慫恿她要不就定個日子，要不就退還戒指、結束這段關係時，她知道是該做決定了。她跟韋恩說：「我真的很想結婚，而且我想要定個日子，這樣我才能開始準備。明年五月怎麼樣？」

韋恩看起來很不自在，在椅子上坐立難安。他說：「現在我的工作很忙，我覺得不是好時機。」

「我們已經等很久了，」凱伊說：「我不想要永遠等下去。」

「我很抱歉，可是現在實在不是好時機。」他告訴她。

「聽你這麼說，我很失望，」她說：「我以為你求婚和送我這個戒指的時候，意思是我們很快會成為夫妻。但我現在才知道你不是這個意思。眞教人難過。」

「我很抱歉妳這麼失望，」他很快回答：「我們總有一天會結婚，只是不是現在。別難過，凱伊。」

但凱伊「的確」很難過。她知道她不能接受這個道歉。她摘下戒指，當場退還給韋恩，因此擺脫了束縛而在半年後遇到東尼。交往大約一年之後，她和東尼就在俯瞰一個峽谷的公園裡成婚。

現在明白拒絕道歉以示對妳自己的尊重有多重要了吧？

如果妳沒有被虧待，拒絕道歉是對的

妳可能拒絕道歉的另一個原因是，妳一開始就沒有需要別人道歉的地方。就像妳要是沒有需要向別人道歉的地方，妳就不會開口道歉一樣，妳也不需要接受一個絲毫沒有虧待妳的人道歉。

我最近向一位與我一起投資生意失敗的律師道歉。我說服他插一腳，而當該計畫慘敗、全無獲利時，我覺得自己應該爲浪費他的時間負責。當我說我很抱歉投資失敗時，他以拒絕我的道歉回應。他說：「我不接受妳的道歉，因爲做生意本來就有成敗。並不是每一個投資都會成功，那不是妳的錯。我之所以插一腳，是因爲我想要插一腳，所以我拒絕妳的道歉。」

在這種情形下，聽到他不接受我的道歉感覺很好，因爲我知道他覺得我一點都沒有傷害他。此外，他也承認事情並未照我們的期望發展，但他知道我無法控制結果。他很清楚我傷害他與情況讓我們兩人失望這兩件事之間的差異，他的明理對我而言是一份贈禮。

如果他說的是「不要擔心」或「不要這麼想」的話，那情況就會改觀。他沒有「草率打發」我的道歉，反而非常認眞看待它，然後拒絕它。他的回應等於認可了我們兩人共同的失望。我離開時心裡知道一位值得尊重的同事仍然尊重我。

雖然如此，我力勸妳要非常小心謹慎地判斷是否拒絕道歉。別忘了即使是很小的過錯，妳仍然有資格接受對方的補償，所以要設法大方地接受。

接受道歉能增加妳的自信

妳可能覺得謝謝別人的道歉是一件很奇怪的事，但妳眞正的意思是妳很感激對方考慮到妳的感覺。透過妳所表達的感激之情，妳鼓勵了對方繼續以尊重的態度對待妳。聽到妳自己開口說出「謝謝，我接受道歉」具有提醒的作用，讓妳不會忘記每當別人輕蔑妳時，妳都有資格接受道歉的禮遇。

當妳尊重妳自己的自我價值時，妳會感覺比較有資格得到他人的善待，而且那種感覺會轉變成一種自我肯定的氣度，每一個見到妳的人都看得出來。

那就是變成大方接受者會讓妳更有自信的一種方式。

第五種生活態度

感恩讚嘆

第 19 章

絶對不要抱怨

Never Complain

關懷、體貼和其他美好的事物會源源不絕而來當妳抱怨（正好與表達感激之情相反）時，妳是把焦點放在不順利的事情上；光是那樣就會妨礙妳接受。抱怨會讓妳陷入已經點燃妳怒火的情況中，因為本質上抱怨會讓眼光變得很狹窄，以至於看不到出路。妳在找的不是解決方法，而是要他人肯定妳的悲苦有理。為了避開搖尾乞憐而非改善現狀的陷阱，妳要盡可能表達感激之情。

如果妳不習慣表達感激，那就想辦法練習一下。規定妳自己每天表達感激的次數至少三次，培養妳在這方面的能力。

表達感激的頻率要比抱怨的次數高出一倍，如此一來這個世界才會變成一個比妳原先所想的還要美好的地方。

讓妳自己變成磁鐵

發牢騷不但很沒風度，也可能很危險。它可能提醒某個殘暴的人附近有個受害者。

——瑪雅．安潔羅

一個大方的接受者知道這世界一直都在提供各種大大小小的禮物給她，而且她對這一切充滿感激之情。

如果妳認爲沒有人想要給妳任何東西，那妳只是尚未鍛鍊好妳的感恩肌肉而已。妳越是抱怨妳沒有的東西，留給美好事物的空間就越小。妳害自己落入圈套中。

卡洛琳在自己五十歲生日的派對上，就做了這樣的事。她四個已成年的兒女有三個出席派對並帶了禮物。然而，卡洛琳卻哀傷如故，因爲她兒子大衛沒有來。在派對上，她哀聲嘆氣並面帶渴望地環顧那個房間，說了「我眞希望大衛在這裡」和「大衛不能來，我覺得非常遺憾」這種話。她沒有享受在場三名子女的陪伴和孺慕之情，反而把精力投注在她沒有的事情上。

卡洛琳似乎不在意丈夫和子女陪伴在側，不但惹惱了他們，也讓他們心灰意冷，而她也因此錯過在她的生日與他們交流感情的機會。抱怨妳沒有的東西，危險之處就在這裡。既然其他家人都無法強迫大衛來參加母親的聚會，卡洛琳那麼做只是把她自己無助的感覺散播在那個房間裡，施加在丈夫和子女身上，讓他們感覺自己的付出還不夠。當然，他們唯一能掌控的只有自己，但卡洛琳卻沒有注意到這一點。

當然，想要偶爾沉溺在自憐裡是人類的天性。那是因為自憐自艾具有反常的慰藉作用。有時候我寧可專注在諸事不順的感覺上，這樣我才能引起別人的同情、賴在床上不起來或為個人的過錯自圓其說。

當我沉溺在自己的悲慘之中，我甚至沒有注意到、更遑論接受降臨在我身上的禮物，因為我太專注在悔恨當中，就和卡洛琳一樣。在某種程度上，我「想要」事情出錯，如此一來我才能繼續抱怨。然後至少我就不必改變，因為我們每個人都知道，改變通常會讓人很不舒服或是很困難。

問題是，鬱鬱寡歡通常會造成愁容滿面、哀聲嘆氣和步履沉重，而這一切全都是警告他人不要接近的訊號。那種肢體語言不會鼓勵任何人來幫助妳，或送妳東西讓妳開心。

當妳把焦點放在妳沒有的事物上，妳很容易忽略塞翁失馬、焉知非福的幸運之處。但妳要是自問：「我今天收到什麼？」妳就會注意到關懷、摯情、體貼和其他美好事物一直不斷往妳那裡送。

感恩讓妳更上一層樓

我國一的英文老師卡本特女士指定全班寫信給我們覺得很不滿意或很不高興的公司，目的是讓我們體會書面溝通的強大說服力，但在那個過程中，她也為我們上了另外一課。

我們大部分人很快就想到我們認為不公平的事情，所以我們寫了抱怨信。當弗瑞托雷食品公司（Frito-Lay）寄了好幾袋自家產品給班上一個同學時，我們每個人都大感敬佩，那位同學抱怨的是他的袋裝玉米片沒有裝滿。

但卡本特女士堅持要我們每寫一封負面批評的信之後，一定要再寫「兩封」致謝的信給做了讓我們高興之事的公司。她告訴我們，為宇宙注入比負面能量多一倍的正面能量是我們的義務。

我們因正面肯定的信而收到的回應，甚至比負面的信更加令人印象深刻。當我們讚美一家公司的產品或服務時，我們收到了如雪片飛來的免費樣品、通行證、升級、禮物和親筆信函的回報。最難忘的回應之一來自於一家本地餐廳，餐廳經理決定為我們全班辦一個披薩派對，因為有個女同學寫信給他，感謝他們絕佳的服務。

培養妳每抱怨一次就感恩兩次的習慣，如果妳發了一封電子郵件，指出某個同事的過失，那妳一定要向加班把工作做完，或總是表現出天下無難事態度的其他同事致謝兩次。

吉娜照做了，而且她注意到她在辦公室的壓力減輕了。那是因爲她謝過的人表現得比較友善？還是因爲她比較不把焦點放在所有的問題上，而更加留心工作上的所有正面的地方？或許那是因爲她在她的部門裡發動了一種感恩的連鎖反應，雖然規模很小但卻很有意義地改變了她工作環境中的文化，讓人待在那裡更爲愉快。

感恩是一只半滿的杯子

樂觀主義者聲稱，我們活著的世界是所有可能的世界當中最好的一個，而悲觀主義者卻害怕這是真的。

——詹姆斯．布藍齊．卡貝爾（James Branch Cabell），《銀色神駒》（Silver Stallion）

有些人覺得當他們表達謝意時，如果他們並不全然感恩的話，那他們就是不誠實。但是就像愛，感激之情比較偏向行動而不是感覺。通常在我們表達出感激之情以後，我們才會感覺到它的存在。那表示爲某件不完全符合妳預期的事開口致謝是必要的。

當妳感覺服務不周時，妳可能很想抱怨。我有一次請了一個裝潢工人到我和約翰準備承租的公寓換新的門。我預估兩天應該足夠完成這件事，所以我把地板整修工作定在第三天。然而，那名裝潢工人並未在我指定的時間內完工。我必須重新安排整修地板的時間，而且這件事讓人很傷腦筋。

當那名裝潢工做完時，我謝謝他把工作做得這麼好。一個朋友聽到我說的話便問我：「他弄了那麼久才做完這麼簡單的事，還拖延了妳的時間，妳怎麼能說他把工作做得這麼好？」

我眞的「是」很感激那個工人良好的施工品質。沒錯，他是沒有在我希望的期限內完工，但他不只改善了那間公寓的狀況而且收費合理，如果靠我們自己，不可能有那樣的施工品質。我想要相信他已經盡全力了，所以我在確認之前先假定他無辜。我本來可以讓他知道他拖太久了，但那樣做有什麼幫助？不但無法讓他早一天完工，而且就算完工，施工品質也會打折扣。

所以抱怨沒有任何正面之處，那只是把一粒老鼠屎丟進本來可以熬出好粥的鍋裡頭，而對我來說最重要的是那鍋好粥，也就是良好的施工品質。

事實正是如此，我和裝潢工打交道的過程很愉快，而且任務也達成了。

我發現值得感恩的事情越多，我的杯子就越滿。

我朋友羅琳在她想要出租的一間房子上也有類似的經驗。羅琳請了一位物業管理人幫她處理房子出租的事情。她在那一年的年初簽了一年約，稍後她發現那個管理人回她電話或處理房子必須整修之處的速度很慢，但是收費的速度倒是很快。

快到年終時，羅琳知道她不想再和那個物業管理人合作。她很有禮貌地打電話告訴他，她打算自己處理房子出租的事。她也謝謝他找到承租那間屋子的房客以及做了清楚、翔實的紀錄。當然，她本來可以抱怨他的回應態度不好，但她沒有，因爲那樣做毫無助益。她決定爲事情畫下愉快的句點。

那位物業管理人的回應是，謝謝她給他生意做，而且還給她一些建議，讓她初次經手房屋承租的過程更順利。他告訴她一套軟體名稱，那套軟體能做精確的紀錄，爲此她向他道謝。最後羅琳買了那套軟體，而且它確實讓她的工作更容易。

如果羅琳的決定是抱怨那一整年得到的服務很差，那麼物業管理人會想要幫她的機率恐怕很低。事實卻是，她的感謝讓他更容易給她一個有幫助的小建議。

感恩的反面是自認理所當然

> **當我們容許自己認清好事的真實面貌時，喜樂就會降臨在我們身上。**
>
> ——瑪麗安娜．威廉森

有些人把大方接受與自認理所當然的感覺混爲一談，我所說的自認理所當然是指妳開始把收禮視爲理所當然，或更糟的是，表現得好像別人欠妳那個禮物似的那種態度。

瑪塔最近在想要借用布蘭達的車但被拒絕時表現出這種態度。布蘭達已經斷斷續續讓瑪塔用她的車好幾次了，所以瑪塔視之爲理所當然，以爲她隨時想要用車就可以用。布蘭達首次行使她「不」借車給瑪塔的權利時，瑪塔憤憤不平。她氣惱布蘭達在她以爲她能用車時改變心意。她非但沒有謝謝自己的朋友一直借她車，反而覺得失望又生氣。那就是所謂的自認理所當然。

在這個情況下，很容易看出瑪塔多無理，但大部分人卻看不清自己也有理所當然的態度。

凱瑟琳告訴我，她母親艾芙琳如何自認理所當然，而快要把全家人逼瘋的情形。凱瑟琳四肢健全的母親相信已成年的子女應該幫她維修房子和跑腿，而她也這麼跟他們說。每次她兒子修好一個漏水的水龍頭，或凱瑟琳帶她去看醫生時，艾芙琳都會說「謝謝」，但她也同時丟出一個抱怨。「你爲什麼不肯常常這麼做？我怎麼老是看不到你？」這些問句反映出她對這些禮物眞正的感覺：她有權利得到它們。結果，她的感激聽起來很空洞，就像接受一個妳求來的禮物一樣空洞。凱瑟琳和她的兄弟姊妹一點都不想再爲母親做任何事，因爲不管做什麼似乎都不可能取悅她。

艾芙琳的子女把她當成一個需求的無底洞，一個她的家人永遠無法塡補的無底洞。就算他們想要幫她油漆院子四周的籬笆，他們也必須有精力應付油漆工作以及隨後而來的抱怨炮火猛攻，但卻看不到她對他們的努力表示滿意和肯定。艾芙琳不可能被取悅，而且也沒有人想要接近那種人，更別提幫她或送她禮物了。

可以確保妳不會自認理所當然的一個方法是，永遠爲禮物或協助感到驚喜，甚至當妳已經預料到的時候也一樣。別忘了讚嘆它們，因爲它們永遠是他人慷慨大方的結果。絕對不要以爲妳應該擁有它們，而且無論如何都不要抱怨。別發牢騷，而是細數妳那一長串的福報。

感恩顯示妳是能被取悅的

妳還記得自己小時候，在生日那天打開所有禮物，而且還想要更多的情景嗎？小孩子就是那樣。我記得有一年聖誕節我向我媽抱怨，我剛進入青春期卻什麼都沒有。我收到了一台錄音機、一些衣服、書籍、一副桌上遊戲和三張卡帶，收穫頗豐。但我不理會這一切而哀嘆自己什麼都沒有，因爲我期待更多。

沒錯，我收到了一些不錯的東西，但就算把一整間商店的禮物和衣服全打包，放在聖誕樹下送給我也沒用，因爲當時的我無法被取悅。我當時正經歷青春期的焦慮，而把希望放在聖誕節上，以爲它能讓我擺脫那種焦慮。我想要的不是裝在盒子的那種禮物，我要的是滿足和擺脫過度自覺。我不知道那些東西只有我自己才能給，而且我當時肯定還沒學會如何大方有禮或心懷感激。

我想要外在的東西——在當時的情況下就是禮物——讓我覺得好過一點，但我眞正需要的卻是我自己才能給的東西：一個比較好的態度。

現在我雖然早已過了青春期，但有時候還是會做同樣的事：希望外在的東西解決我內在的問題。幸虧，現在我一聽到自己發牢騷或抱怨，會馬上發覺自己正在做的就是這種事。一旦我發現自己變得需求不滿時，我就可以設法釐清原因，然後給我自己我所需要的東西，不管那是放下我腦袋裡的負面想法，或是去小睡一下都一樣。當我又能夠表達感激之情時，我就知道我成功了。

一個感恩的女人在收到禮物時會表達驚喜和愉悅之情，因爲她不認爲任何人應該給她任何東西。當別人看到她的喜悅時，她就會引來更多可喜之事，因爲畢竟誰不想帶給別人喜悅呢？當我有機會自動自發爲某個我知道她會很喜歡而且很快樂的人做些有趣的事情時，我之所以會去做是因爲我熱愛取悅他人的那種溫暖的感覺，尤其是在她最意想不到的時候。如果妳在收到禮物或讚美時悶悶不樂、喜怒無常或難以預測，那麼我不太可能一直設法取悅妳。

感恩的女人擁有比較美好的感情關係

親密是一門高難度的學問。

——維珍妮亞．吳爾芙（Virginia Woolf）

在感情關係當中，大方接受特別重要，因爲男人最想要的就是取悅他們生命中的女人。如果他們一直取悅不了對方，那他們會心灰意冷，整個關係也會受創。他們會說「不管我做什麼，妳都不會快樂，所以我乾脆放棄好了」這種話。

一個有這種感覺的男人告訴我，他在妻子週末外出時把家裡從頭到尾打掃了一遍，但她回到家的時候卻說：「做得很好，美中不足的是你沒有清灰塵。你看到這些灰塵沒有？」她的眼光掠過用吸塵器吸過的地板、乾淨的浴室和光亮如新的廚房，而放在他漏掉的書架上。

那個女人錯失了與丈夫產生絕佳連結的機會。她唯一需要做的是，表現出她很感激他爲了取悅她所做的努力。他們本來可以沐浴在一種當男人對女人獻殷勤而她表達感激之情時就會產生的那種溫暖的熱情之中。反之，他們接下來那一整天卻各自窩在角落裡，承受因爲那番話而更加拉遠的距離感。

他們缺少的親密全是因爲缺少感激之情所致。

第五種生活態度
感恩讚嘆

第 20 章
為小事讚嘆
Marvel at Small Things

讚嘆能使妳跟有正面能量的人產生連結

妳不必等到別人送妳禮物或為妳做了出乎意料的事，才告訴對方妳很感激。妳可以謝謝新煮了一壺咖啡的同事、清空洗碗機的配偶、把妳的公寓維護得很好的房東。表達感激之情等於是對他人散發妳能承受美好事物的訊息。

妳的正面態度將會創造一種感恩的文化，並促成妳和身邊的人——從妳每週六見到的乾洗店店員到妳最親近的人——產生愉快的連結。妳也會創造以出乎意料的方式跟隨著妳的善業，比方說一個陌生人給妳他多出來的展覽會門票，或是找到一個已經有人付過下一個小時費用的停車計時器。

睜眼看見妳的幸運

接受是一門讓某個只是幫你一個小忙的人，滿心希望他幫你的是一個大忙的學問。

——羅素．林斯（Russell Lynes）

當寶拉的感情關係日益惡化時，她很想要自憐自艾，但反之她卻決定練習盡可能接受一切。當沒有人送她新耳環或請她外出用餐時，最初她以爲沒有任何可以接受的事情。但慢慢地，她注意到她的女性朋友給她更多擁抱以示支持，她的老闆在他車旁等她一起走進辦公室，她十幾歲的女兒等了很久才輕聲細語地問她過得好不好。這一切都是小動作，但她很感激一整天收到的這些小鼓勵，而且就那個意義而言，她是被關懷和被愛的，尤其是在她努力想要有那種感覺的時候。

寶拉仍然爲感情傷心難過，但當她聽到自己說「謝謝」時，她發覺她畢竟收到了一些祝福。她非但沒有被遺棄的感覺，反而知道自己是被愛的。

感恩的作用正是如此。它讓我們睜開眼睛看到富足和幸運，進而讓我們感覺比較快樂和樂觀，因此吸引更多好運降臨在我們身上。那是因爲沒有人想要費心取悅某個沉溺在厄運和陰鬱之中的人。首先，他們的努力是白費力氣，而且如果會遭到拒絕的話，誰會想要冒險釋出善意？再者，因爲陰鬱可能具有感染力，所以他人不太可能想要和一個相信厄運當頭的人在一起。

我們每一個人都喜歡感覺有目標以及知道我們有所貢獻。表達妳的謝意，等於讓他人知道他們達成了某件事。那就是絕佳的接受態度。

開口道謝並不會讓人停止付出

感恩不只是最高尚的美德，也是一切美德之母。

——希塞羅（Cicero）

有時候我們之所以不肯說「謝謝」，是因爲我們有一個錯誤的觀念，那就是對方可能會停止做那件我們感激的事。比方說，莘蒂很怕謝謝她女兒琴恩在晚餐後洗碗盤，因爲她怕女兒會以爲家事可做可不做。「我花了好長時間才說服她洗碗，」她哀嘆：「如果我爲了她做她該做的事而謝謝她，那我又得要重頭教她一遍這是她的責任。」

每個人都喜歡自己的工作得到賞識，即使知道自己只是盡本分也一樣。想像妳自己在同一個處境下，比方說妳的老闆謝謝妳如期完成工作，妳不會以爲這表示妳下一次可以混水摸魚。如果妳女兒謝謝妳幫她準備午餐，妳不會因此不再爲她準備午餐。然而當妳知道自己的付出受到肯定時，妳可能會覺得更快樂和滿足。事實上，妳可能因此更有熱誠做這些工作。

莘蒂同意，既然她喜歡自己的盡責受到別人肯定，那麼琴恩可能也會很喜歡她乖乖洗碗的表現受到肯定。此外她也發覺說「謝謝」有助於提升而不是降低女兒洗碗的意願。所以她決定告訴女兒，她很感激她幫忙清理廚房。

琴恩以典型的青少年態度回應，先是咧嘴一笑，然後眼珠子往上一翻說：「隨便妳啦，媽！」隔天晚上的洗碗時間一到，她二話不說馬上動手。看來琴恩似乎比以前更願意做這件她母親原本怕她要是表示感激、她就會放棄的事。

對妳痛恨的事物心懷感激

我的這一代最偉大的發現就是，人類能夠藉由改變心態而改變了自己的生命。

——威廉．詹姆斯（William James）

感恩的訣竅在於，不管事情是什麼樣子都要表達謝意，即使妳對自己的處境沒有感激之情，或認爲它應該有所不同也一樣。

當然，生命中有很多妳無法感恩的事。當妳趕時間卻塞在車陣中、身體開始感覺不舒服或損失金錢的時候，感恩不可能是妳的第一個反應。但是當妳大嘆倒楣的時候，妳就會讓自己變成受害者，因爲妳採取了妳的處境很糟的偏頗角度看待事情。

告訴妳自己妳被糟蹋了，等於是在製造這種處境。

當然，有些事令人難以忍受，而且妳寧願沒有發生那些事。感恩會提醒妳，妳一直都有機會選擇以何種態度面對。

力量的灌輸並非來自於抱怨，而是來自於接納讓妳不快的事情。

找到那種力量有一大部分要依靠跟能夠幫助妳指出方向的朋友建立連結。感恩和大方接受有助於創造和維持那種連結，並且提供空間給那些人，讓他們能夠進入和停留在妳的生命中。

有時候很難立刻分辨事情的轉折對妳是福還是禍，所以一個睿智的女人會對每件事懷有感激之情。我去聽過一場演講，其中有個女人說了以下這則寓言：

有一天一個富農的獨生子正在犁田時，牛隻受驚嚇而突然拔腿狂奔，他想要抓住犁具而摔斷腿。鎮上的人到農場致意，他們跟富農說：「你兒子在犁田季節摔斷腿眞是倒楣！」富農帶著微笑回答說：「不管事情是什麼樣子，我都心懷感謝。」

隔週，戰爭爆發了。軍隊前來徵召所有四肢健全的年輕男人上戰場，但他們放過富農的兒子，因爲他受傷。這次鎮上的人說：「你兒子受了傷才沒有被軍隊徵召眞是幸運。」富農的回答跟以前一樣：「不管事情是什麼樣子，我都心懷感謝。」

下一季富農的收成很好，他決定把報酬用在裝潢他原本已經很美侖美奐的房子上。當鎮上的人看到那棟過度華麗的房子時，他們說：「你能夠成爲鎮上最有錢的人眞是幸運。」再一次，富農的回答還是老樣子：「不管事情是什麼樣子，我都心懷感謝。」

有一天富農的兒子打橋牌時把錢花完了，他決定以他家的農場做賭注。結果他輸了，富農和家人被迫搬家。人們認爲這是一件非常不幸的事，但農人仍是那句老話：「不管事情是什麼樣子，我都心懷感謝。」

下一週戰爭終於結束，軍隊進來鎮上殺了最富有的家族並放火燒掉他們的房子，以報復富人多年來的壓迫。當時只算小康的那個農夫和家人逃過一劫。農人又重複他的口頭禪：「不管事情是什麼樣子，我都心懷感謝。」

如果妳和我一樣，妳可能會認爲當壞事發生時，妳就不必感恩。然而，妳既然不知道最後結果如何，因此凡事抱持感恩之心對妳一點傷害都沒有。那是成爲優秀接受者的關鍵所在。這件事聽起來或許不可能；妳可能會想，一個失去父母或小孩的人怎麼能抱持感恩之心呢？這聽起來違反常理。

當然，沒有人會爲悲劇事件感到快樂。爲損失悲嘆、甚至生氣都是人之常情。但那並不表示妳一定看不到妳身邊的美好事物。

當生命丟給妳一顆壞球時，應慶幸妳人在球賽之中

當我弟弟因嗑藥和酗酒過度而陷入昏迷時，我有一股很嚴重的失落感。原本我很喜歡這位敏銳機智年輕人的陪伴，也以爲我和他之間有很多共同之處，如今在寫這段話時，他卻只能眨眼和呼吸。我悲痛地了解到他對我隱藏那麼多他的痛苦。

我弟弟的悲劇發生之後幾週，我和我的姊妹們玩了一個我們稱之爲「爲什麼自從我的兄弟嗑藥過度之後，我的人生就變成黑白」的遊戲。我們列出

了包括一直覺得好像我們的肚子被踢了一腳、在他不在場的情況下爲他第一個孩子即將誕生做準備，以及必須和他的醫療保險公司打交道這一類的事情。其中沒有什麼感激之情，我可以跟妳保證。

當然，我的挫折感是人之常情，但卻完全無助於改善我的處境。我的抱怨讓我變成了受害者。從我的觀點看來，他的悲劇是發生在我身上，毀掉了我的生活。

我對那種狀況一點掌控力都沒有，我之所以生氣是因爲它讓我非常痛心而無法享受任何事情。

不想要成爲受害者，所以我打電話問我最要好的朋友，在這種情況下值得感恩之處是什麼，心裡希望她有答案。她提醒我，雖然我對自己的痛苦處境一點感恩的「感覺」都沒有，但是我如果「選擇」感恩的話，我可能會平靜一點。

「好，」我說：「我很感激我弟弟嗑藥過度。就這樣，我眞的很感激。」我的話既空洞又譏諷，但因爲感恩的神奇作用，在聽到我自己說這些話時，我發現了一件事。

「等一下，我知道我覺得感恩的地方在哪裡了。我很感激自己有個弟弟。

我愛他和他令人讚賞的想法。我愛他頑皮的幽默感和不同於流俗的觀點。我很感激我們共度了很多時光而且彼此相親相愛。我很感激能與一個和我髮膚顏色相同並且能夠與我一同嘲笑父母個性的人，建立一段終生的友誼。我很感激他對我的想法提出挑戰。」

從我認識他這麼多年來，我體會到了痛苦是快樂的反面。

我不願意拿認識我弟弟的這份快樂與任何東西交換，就算它現在讓我心痛不已也一樣。現在我不是一個悲劇的受害者，而是「一份不可思議之禮的接受者」。然而一直到選擇感恩而改變了我的觀點之後，我才有這種感覺。我把它比喻成觀賞一齣精采的舞台劇，然後在劇終時感覺像個受害者似地哭泣，因為戲已經落幕。我和我弟弟的關係比一個晚上的娛樂更深刻、更重要，就和一齣絕佳的好戲一樣，他豐富了我的人生。如果我沒有選擇感恩的話，我可能會完全忽略我已經收到一份禮物的這個事實。

當然，我感覺哀傷和失落。但我能夠採用那位農人的睿智態度，盡量告訴我自己：「不管事情是什麼樣子，我都心懷感謝。」

每當有疑惑時，就致上謝意吧！

第五種生活態度
感恩讚嘆

第 21 章

經濟上讓男人支持妳

Let a Man Support You

讓男人覺得可以取悅妳、供養妳

如果每個偉大的男人背後真的都有一個女人，那是因為她的感恩、尊重和樂於接受激勵了他，而不是因為她供應他唸完醫學院。

比起妳為了丈夫的成功而在經濟上所做的任何貢獻，感恩、尊重和樂於接受甚至更為有力，而且他只能從與他相愛的女人身上得到這些東西。

與其供養整個家庭，不妨想想妳可以透過樂於接受和感恩做出什麼貢獻。考慮讓他來支持妳。

很難說妳可能激勵了什麼。

供養男人的女人如同活在刀口

如果女人不存在，世界上所有的錢都會變得毫無意義。

——亞里士多德．歐納西斯（Aristotle Onassis）

妳有沒有聽過一個女人供應她丈夫唸完醫學院，但到頭來他卻爲了另一個女人離開她？

妳當然聽過，因為這並不是單一事件：供應一個男人唸完醫學院或法律學院，或者支持他創業之類的事，對女人來說壓力很大，對男人來說則有失男子氣概。陷入這種困境的男人非但不能讓自己的妻子快樂，反而必須接受她的供養。他沒有能力去做他的本能要他去做、以及我曾經訪談過的所有男人說他們想做的事——供應和取悅他的妻子。

一個供養男人的女人活在刀口上。她是那個出錢付房貸、買食物、提供娛樂以及帳單上面有她們名字的人，而男人能付出的卻少得可憐。

這種女人可能很想控制他和整個家。她可能會設法約束他的開銷，因為那是她賺來的血汗錢。她可能想要監督他的讀書習慣，因為他的學費是她付的。她會開始把丈夫看成是需要她管教的小男孩，這絕對不是健康性生活和關係中的情感親密度的良好基礎。

我知道，男人想要取悅他們生命中的女人勝過一切。

感覺他無法給妻子或女友任何東西的男人，會迫不及待想找個他「能夠」取悅的女人。妻子則會迫不及待想找個能照顧和款待她，而不是她來照顧和款待他的男人。這種安排很糟糕：每個人都很不高興，因為沒有人能盡情發揮身為男人或女人的角色。

重點是，男人很喜歡取悅女人。如果妳不能被取悅，他們會換人試試看或是灰心喪氣。

讓好男人支持妳

多虧有女人，不然我們現在還蹲在洞穴裡吃生肉，因為我們之所以創造文明，是為了博得女友的青睞。

——奧森．威爾斯（Orson Welles）

我知道這樣說不算「政治正確」，但女人其實想要男人珍惜、愛慕和保護她們，而男人則感覺到一股互補的保護衝動，因爲那是男子氣概的表現。因此，不妨考慮讓男人支持妳度過辭掉討厭的舊工作到找到喜歡的新工作的這段期間，或乾脆讓男人供養妳。

當然，除非妳相信他會照顧妳，否則妳不能一頭就栽進去。如果妳懷疑能否信任這個人，那就要先自問妳擁有的是不是一個好男人。只要妳的男人能夠忠實對待妳、沒有慣性成癮行爲，也不會對妳暴力相向，那麼妳就可以放輕鬆接受他的照顧，無須恐懼他會對妳坐視不管。

妳可能要自問的下一個問題是：「他會開始埋怨我嗎？」就像所有禮物一樣，別忘了感恩是關鍵，自認理所當然永遠討人厭。如果妳開始感覺他應該支持妳，而忘了那是一份禮物，那麼最後一定會導致埋怨。只要妳能持平看待，你們兩人都會享受到以妳的信任換取他的照顧和支持而產生的親密。

當然，妳還是可能因爲怨聲載道而毀掉親密。據蘿恩妲說，雖然她很感激她丈夫的收入足以支持她辭掉工作，在家照顧小孩，而且那一直是她的夢想，但是她有時候會覺得對他有所虧欠。她想要做女超人，藉由精心烹調晚餐和清理車庫來報答他。結果，她感覺沒有把時間花在她眞正想做的事情上，而且因爲又累又無聊，反倒開始對他有怨言，彷彿他逼她煮飯和打掃似的，其實他根本沒有要求過任何事。從那時候開始，她轉爲自認「理所當然」，認爲他應該在經濟上支持她，因爲她每天辛苦工作，確保他有乾淨的內衣褲可穿。

同時，她丈夫一直在工作，一直在付帳單。與一個上全天班而且有兩名幼兒的朋友一起吃午餐之後，蘿恩妲重新發現自己有丈夫的支持是多麼幸運。

她想起他給的是讓她能夠在家照顧小孩的禮物。

如果你們當中有一方開始有怨言，別忘了經濟上的支持是一份禮物，當妳接受這種禮物時，唯一得體的回應就是感恩。

碧安卡在三十出頭的時候才結婚，在這之前她已經習慣自己養自己。因爲她和她丈夫克雷格爲了婚禮和蜜月舉債，所以她覺得繼續工作以便償還借款很重要，即使她已經厭倦自己的工作。克雷格慫恿她辭職好幾次，但她拒絕，因爲她擔心他母親的看法。「我不希望她以爲我嫁給她兒子，是爲了一張飯票。」她說。但克雷格堅持他賺的錢足夠養活他們兩人，而且他們的債務可以一次還一點。

有天晚上，一個朋友在他們家用餐時，克雷格說他很不喜歡看到碧安卡那麼不快樂、工作那麼辛苦。他希望她休息一下。碧安卡的朋友說：「妳丈夫想要養妳眞是貼心，妳爲什麼不讓他這麼做呢？」

那時候碧安卡終於發覺，她一直在拒絕丈夫的提議。

因爲他們沒有小孩，所以碧安卡覺得自己完全沒有資格接受克雷格提供的經濟支持。但在她適應並開始放鬆後，克雷格一直說他很高興能在回家後看到她很快樂又有充分的休息。「那好像對他非常重要，」碧安卡說：「而且對我來說也是一份美好的禮物。我知道有一天我會回去工作，但現在，對我自己以及我們的婚姻最有幫助的是，去思考什麼樣的工作會帶給我快樂，並讓我成爲一個令人愉快、獲得充分休息而且快樂的人。克雷格幹嘛要跟一個老是又累又沮喪的人在一起呢？工作給我的感覺就是那樣。」

「我們還是負債，但我覺得我們這個家的生活品質改善了。此外，知道我不必工作讓我覺得自己好像一個女王。不過，我還是有偷了某個不可思議的好東西卻沒被逮到的感覺。」

女王的自尊心都不低，所以不難看出碧安卡優秀的接受能力有助於增加她的自信。而且克雷格也覺得很自豪，因爲他有能力把自己的妻子照顧得那麼好。

妳是他的動力

接受這個簡單的動作給了男人一個肯定自己的機會，創造了施予者和接受者之間的愉快連結。讓妳的男人爲妳付點錢，妳必須要有承認自己用得著別人幫忙的謙遜，也要有知道妳值得受人幫忙的自尊。那樣做讓男人覺得既堅強又受肯定。

經濟上仰賴丈夫支持而賦閒在家的女人，就是這種謙遜與自尊組合的一個例子。這種女人對自己的丈夫有極大的信任，而且通常會激勵他往高處爬；在她滿懷他能隨機應變的信心而責任完全放在他肩上之前，他本來沒有想到自己會有這麼高的成就。

席拉告訴她丈夫布蘭登，她想要留在家裡照顧他們的兒子。布蘭登願意養家，但他很擔心，因爲他經營房地產估價事業賺的錢只有席拉主管薪水的一半。席拉願意降格以求並仰賴布蘭登的收入過活，因爲這樣她才能把教養他們的兒子放在第一位。

布蘭登感覺到一股迎接養家挑戰的強大動機。一年內，他的收入就多了一倍，而且三年後他賺的錢就超過了先前雙薪所得。

席拉的樂於接受激勵了布蘭登，讓他變得更有成就，也給了她不外出工作的自由。如果她固守應該靠她自己的想法，而決定不接受布蘭登的經濟支持，那她便是阻撓自己得到留在家照顧兒子這種她眞正想過的生活，而扮演兼顧全職工作和母職的這種壓力很大的角色。如果她對自己的欲望沒有全然的信心和認識，布蘭登絕對不會那麼有成就，他們的兒子也不會得到有媽媽在家照顧他的好處。如果席拉不願讓布蘭登供養她，整個家庭都會受苦。實情卻是，沒有什麼比照顧自己的家庭更讓布蘭登引以為豪。

布蘭登能成功地增加收入供養全家，一部分是因為席拉也放下了對他如何進行此事的掌控。她希望他能成功，但她不「期待」他比當時的現狀更好。她沒有指示他應該怎麼做才會更有利潤，或是叫他多請些人手、多花點錢登廣告。那種控制會暗中傷害他的自尊，使他難以信任自己，但這卻是經營事業的成功關鍵。

放棄掌控事情的發展方式以及發生的時間，幫助席拉接受她丈夫給的一份美好的禮物。

激勵男人的要素

愛能療癒人，付出愛和接受愛的人都能夠得到療癒。

——卡爾．曼寧格（Karl Menninger）醫師

與無意間拒絕男人的禮物相反，當我們恰當地接受和表達自己的欲望時，女人就能激勵男人更上一層樓。當妳接受男人的付出時，妳給了他一個他能供養和保護的對象；妳給了他一個能夠取悅的對象，進而讓他感覺有目標而且堅強。

我認識一位名叫迪娜的藝術家，她大部分時間都花在繪畫上，賣畫的錢很少，但她過得很舒服，因爲她也有一個很樂意供養她的男朋友。迪娜告訴我，在他們認識的時候，她的男友賺的並不多，但她激勵了他想賺更多錢，以便養活他們兩人並讓她專心作畫的雄心。因爲覺得可疑，所以我問她是怎麼辦到的。起初，她說她也不確定，但我們繼續談下去之後，她跟我說：「保羅一直都很疼我，他的工作很卑微，而且也沒什麼錢，但他會爲我做晚餐、幫我裝百葉窗，也一直都會爲我做一些體貼的事，所以我很感激。我們在一

起一陣子之後，我注意到他是一個很傑出的攝影師，所以我告訴他，我認爲他很有天分。他說他希望能養我，我告訴他那我會很高興。」

「然後他說他一直想要成爲專業攝影師，但他還不清楚該如何著手。他總是在講他想要創業的各種想法，但沒有一個讓我覺得特別好，所以我沒有多說什麼，直到他說他想要做婚禮攝影師的時候才改觀。當他說那件事的時候，我完全贊成。我知道他會很成功，而我也這麼跟他說，他便開始出去做其他婚禮攝影師的助理。然後他成立了自己的工作室，而且兩年後就有六位數的收入，成了這個地區最優秀的婚禮攝影師。我一直都知道他會成功。」

迪娜做了四件事情，似乎對保羅的成功有貢獻：

- **感恩：**迪娜從感恩的角度談論保羅。他一直都在做一些體貼的事，而且她很感激。
- **表達她的欲望：**當他說他想要供養她時，她歡喜地回應。她已經很快樂了，但她讓他知道，如果他供養她，那會讓她更快樂。此時，他已經有了奮鬥的目標。
- **正面支持：**迪娜讓他知道她看到他的天分。當他想出點子時，她「只有」在他想到的點子眞的很棒時才表現出她的熱誠，否則她什麼都不說，因此幫助了他。當他想的點子很爛時，她不說「那沒用啦」，而是等到他找出更好的點子才表示意見。那是表達正面支持的一個完美例子。

- **信心：**她告訴他，她相信他會成功。而且他眞的成功了。

「他幾乎每週六都得工作，」迪娜告訴我：「我認爲那是一個很大的犧牲。我不會想要這麼做，但我知道他這麼做，一部分是因爲他喜歡供養我，這讓我更加感激。」

或許，知道迪娜不會抱怨他每週六不在，也是保羅之所以成功的原因之一。他不必擔心他的女朋友說：「你週末都不在這裡。」反之她認爲他的不在家是他爲了她好而做的一個犧牲。換句話說，這全屬於她大方接受的一個禮物。迪娜願意「接受」她生命中的男人在經濟上支持她，而且因爲她只是希望而不是期待他做得更好，所以她能隨機應變。

妳可能認爲迪娜只是爲了自己的金錢利益而利用她男友。然而，既然她在他賺的不多時就被他吸引而且投入感情，那她顯然不只對他的錢有興趣。她的男友肯定不覺得自己被人利用。他覺得驕傲而且有男子氣概，因爲他有能力用他的新收入供養她。

睿智地運用妳的力量

我後來慢慢相信，「給予」和「接受」其實一樣。是給予和接受，而不是給予和拿取。

——喬伊絲．葛蘭菲爾（Joyce Grenfell）

我也認識對感情伴侶的收入有「負面」影響的女人。譬如莉莉安抱怨她懷雙胞胎的時候，她丈夫因失業而精神萎靡；但當他們剛認識時，他是受薪的雇員。她也告訴我，她認識她丈夫之前的兩個認眞交往過的男朋友，在與她交往期間大部分時候都是失業狀態。

「但在我跟他們分手之後，他們兩個都保有薪水不錯的穩定工作，」莉莉安坦承：「那兩個男人之間唯一的共同點……就是我。」

莉莉安的接受能力很欠缺，對她擁有的東西毫不感恩，還挑剔她丈夫的工作。她告訴他該做什麼並以不尊重的態度對待他，而在不知不覺間貶低他。無論原因爲何，莉莉安可能不相信她丈夫會照顧她，那樣做讓他幾乎不可能成功。

妳可能認爲這是個極端的例子，但其實不是。男人是從他們的妻子這面鏡子當中一點一滴看到自己的形象。如果她懷著感激之情、樂於接受而且面帶微笑的話，他們就會看到自己是成功的。如果她憂愁痛苦、怨聲載道而且苛求，那他就會感覺自己是失敗者。

男人在妻子這面鏡子看到的東西，接著會投射在世界的其他角落。如果跟他最親近的女人懷疑他，那他會開始懷疑自己的能力。沒錯，那可能不會讓一個男人丟掉工作，但在莉莉安的情況中，她丈夫之所以難以從失業當中振作起來，是因爲她無意間粉碎了他的自尊。

妳接受男人付出的能力也會影響他變得更好或更糟。如果妳大方接受並感激他已經給妳的一切，而且表達出妳仍然想要某些東西的欲望，而不是抱怨，那妳就是給了他一個訊息，肯定他在他最重要的工作上——照顧自己的女人——做得很成功。那一定會對他的自尊產生正面的影響。如果妳毫無感激之情或者不滿足，妳就發出了他是失敗者的訊息，這會讓他對自己產生負面的看法。

不要低估了妳對他的成就具有的力量和影響。藉由接受以及表達感激，睿智地運用那股力量。

身為女人就是一件有價值的事

如果妳和以前的我有任何一點雷同之處，而且妳的接受肌肉鬆弛的話，妳可能很難在經濟上仰賴男人，因爲那是最難以應付的接受挑戰。然而，如果妳眞的讓他照顧妳，妳也送了一份禮物給妳生命中的愛情主角：信任。很難說那可能將對他造成什麼影響。

如果妳覺得自己一定要成就和創造什麼的話，那妳或許並未認清女性特質的價值。感覺妳除非有成就否則妳就沒有價值，就像認爲庭院裡的花應該爲其生存打拚一樣。

其實只要做個女人，就是一件有價值而且重要的事。

結語

為自己說話

專注在自己的需要和欲望上，別擔心妳身邊的人，然後開始接受。不管妳有多少次忘記接受，妳永遠可以在今天或現在重新開始。

並不是人人都會為妳喝采

我不怕暴風雨，因為我正在學習如何駕駛我的帆船。

——露意莎．梅．奧爾科特（Louisa May Alcott）

當海倫開始到希維雅的公司擔任實習生時，希維雅對十八歲的她呵護備至。單身而且比海倫大十二歲的希維雅很喜歡指導海倫，甚至幫她買了一雙鞋。她有一次也請海倫吃早餐，另一次則是請她看電影。海倫以大方接受的態度回應，讓希維雅覺得她的付出更有價值。

問題出在哪裡呢？海倫的祖母充滿批判。

「妳不需要接受家人以外的任何人給妳的鞋子或任何東西，」她告訴年輕的海倫：「妳現在有工作了，難道不會自己出錢買那些東西嗎？」她祖母的訊息附帶了以下的涵義：海倫接受同事的慷慨是沒有禮貌的行爲。這位年長女人眞正的恐懼是，她孫女會欠人家東西；她想要阻止海倫負債。

我們可能得到各種關於接受的誇張、混淆訊息，這只是其中一例，難怪我們當中很多人難以接受。我們現在的信念和習慣其來有自，而且通常不難發現它們跟善意的父母或祖母有關，他們可能逐漸把接受的羞恥感灌輸在我們身上。

然而，那些信念和習慣再也無法滿足妳。既然妳已經了解接受這件事，妳就能改變習慣，好好享受提供給妳的一切賞心樂事。

只要警惕自己，並不是人人都會爲妳喝采就行了。他人可能認爲妳不檢點或貪心。當妳改變了妳與他們之間的關係文化時，有些人會覺得不舒服。一直跟妳搶著買單的朋友可能會很驚訝，妳居然笑著接受她的慷慨。妳的母親可能會很震驚，妳竟然不再惦記著妳「欠」誰生日禮物。甚至妳的丈夫或子女會很不高興，妳居然不像以前那樣爲他們做牛做馬。妳全新的態度可能會讓某些人非常不自在或嫉妒，但那不是妳的問題，所以不要讓它絆住妳。

妳的任務是專注在自己的快樂上，因爲妳唯一能夠掌控的就是這件事。

接受總比不接受好

不要怕萬事起頭難，因為那只是最初的印象，最重要的是不要退縮；你必須控制自己。

——奧嘉·科布特（Olga Korbut）

在我帶領的一次爲期四週的親密工作坊最後一晚，我們這個小團體當中的每一個人都建立了連結。衆家姊妹交了新朋友、分享了她們最深層的祕密、變得很期待親密聚會的到來。工作坊即將結束，我們都有點悲傷。很多女人送我謝禮，讓我很驚訝，其中有卡片、書、蠟燭、泡泡沐浴用品等等。我落落大方並心懷感激地接受一切，而且我的學員給我的很多東西，她們熱情地談論她們從工作坊和我身上學到的東西。

我開放和坦然面對班上的女人，因爲只有這樣妳才能大方接受。我收下令人驚奇的讚美和感激，也收下貼心的禮物。她們的贈禮和感情的流露讓我既感動又感激。

那天晚上我的接受在某方面是一種冒險。畢竟，她們帶了我可能不應該收下的禮物來給我，因爲她們付錢來上我的課，我只是做我分內的工作而已。我冒著在衆人面前看起來毫不自謙的風險接受讚美，到最後，有個人提議幫我收椅子，另一個人甚至提議把每個人的電子郵件地址打字列成一張通訊錄，以便這個團體能保持聯絡。我的眼神所到之處，總是有人給我某個美好的東西。這是我的工作，我當然不希望別人以爲我懶惰、驕傲或貪心。

然而，接受那麼多深情厚意的感覺眞好，而且我很高興我能夠全部收下。我也記得當時我有一點不自在的感覺，因爲我顯然沒有主控權。反之，我體驗到的感覺就像被她們高舉在肩膀上，雖然有點不安，但感覺也出奇的好。當妳在接受時，妳是讓自己完全不設防，所以可能會有點嚇人。這就是接受之所以說起來容易、做起來難的原因所在：妳在冒險。

不過，另一個可能性是，拒絕了降臨在妳身上的善意和貼心的驚喜，如此一來妳絕對不會落入完全不設防的境地。但前提是，妳必須完全能夠自給自足、樣樣苦差事都自己來，並放棄妳本來能跟愛妳的人建立的情感連結。

在我的經驗中，接受是非常值得一冒的風險。

妳可能覺得等妳習慣樂在其中，時光早已飛逝，但開始接受永遠不嫌遲。即使妳今天早上忘了接受道歉，或昨天拒絕人家幫忙，妳都可以現在重新開始。

我的一個朋友說：「學習接受讓我感覺自己像個公主。本來我怕時間一久那種感覺就會消失，但現在我知道任何時候我都可以練習接受，它一直都在那裡等著我。當我想要感覺像個公主時，我只要找到樂於接受那種待遇的意願就好了。」

如今接受已經成爲我的習慣，所以可能性好像無限多，而且每次我進行新一階段的接受時，我都會發現新的樂趣。樂於接受幫助我變成一個更快樂的妻子、更交心的朋友、更有成就的作家。我有更多自信、更多放鬆的時間，還有一種世界上有很多東西能給我的感覺。當我繼續接受時，我知道我能夠承受更多深情厚意、富足、親密和樂趣。

妳也一樣，只要妳開始大方接受。專注在自己的需要和欲望上，別擔心妳身邊的人，然後開始依此接受。不管妳有多少次忘記接受，妳永遠可以在今天或現在重新開始。專注在自己的需要和欲望上，別擔心妳身邊的人，然後開始依此接受。不管妳有多少次忘記接受，妳永遠可以在今天或現在重新開始。

國家圖書館出版品預行編目資料

老娘幹嘛這麼累 ?! ／蘿拉 ・ 朵依爾（Laura Doyle）著；陳秋萍譯 . -- 修訂一版 . -- 臺北市：原水文化出版：家庭傳媒城邦分公司發行 , 2019.12
面；　公分
譯自：Things will get as good as you can stand : when you learn it is better to receive than to give@@the superwoman's practical guide to getting as much as she gives
ISBN 978-986-98502-0-9(平裝)
1. 生活指導 2. 女性

177.2　　108019537

老娘幹嘛這麼累？！【修訂版】

Things Will Get as Good as You Can Stand

作　　者／蘿拉 · 朵依爾（Laura Doyle）
譯　　者／陳秋萍
企 畫 選 書／林小鈴
責 任 編 輯／潘玉女

行 銷 經 理／王維君
業 務 經 理／羅越華
總　編　輯／林小鈴
發　行　人／何飛鵬
出　　版／原水文化
台北市民生東路二段 141 號 8 樓
電話：（02）2500-7008　傳真：（02）2502-7676
E-mail：H2O@cite.com.tw　部落格：http://citeh2o.pixnet.net/blog/
發　　行／英屬蓋曼群島商家庭傳媒股份有限公司城 邦分公司
台北市中山區民生東路二段 141 號 11 樓
書虫客服服務專線：02-25007718；25007719
24 小時傳真專線：02-25001990；25001991
服務時間：週一至週五上午 09:30 ～ 12:00；下午 13:30 ～ 17:00
讀者服務信箱：service@readingclub.com.tw
劃 撥 帳 號／ 19863813；戶名：書虫股份有限公司
香 港 發 行／城邦（香港）出版集團有限公司
香港灣仔駱克道 193 號東超商業中心 1 樓
電話：(852)2508-6231　傳真：(852)2578-9337
電郵：hkcite@biznetvigator.com
馬 新 發 行／城邦（馬新）出版集團
41, Jalan Radin Anum, Bandar Baru Sri Petaling,
57000 Kuala Lumpur, Malaysia.
電話：(603) 90578822　傳真：(603) 90576622
電郵：cite@cite.com.my

美 術 設 計／李京蓉
內 頁 排 版／陳喬尹
製 版 印 刷／卡樂彩色製版印刷有限公司
修 訂 一 版／ 2019 年 12 月 19 日
定　　價／ 330 元

I S B N　9789869850209

城邦讀書花園
www.cite.com.tw